文系？　理系？

人生を豊かにするヒント

志村史夫　Shimura Fumio

★──ちくまプリマー新書
120

目次 ＊ Contents

はじめに

第1章　何のために勉強するのか

第2章　「数学、物理が苦手だから文系へ」という人に

第3章　ものの見え方と見方

本文イラスト／志村史夫

はじめに

文科系と理科系

世の中の人は一般に「文科系の人」と「理科系の人」に分類されるようです。

これは、私には、多くの場合、学校でそのように思わされた結果の「自認」ではないかと思うのですが、いずれにせよ、自分のことを「理科系」だと意識（自認）する人よりも、自分のことを「文科系」だと意識（自認）する人の方が多いような気がします。

私は、経歴や「本職」とみなされている仕事柄、世間的には「理科系の人」に入れられるのでしょうが、私自身は自分のことを「理科系の人」と意識したことがないのです。

確かに、私の主な仕事は「理科系」といってもよいかも知れません。しかし、このようなことをいうのはいささかおこがましいのですが、私は自分のことを「理科系」でもあり「文科系」でもあり、さらには「芸術系」でもあると思っているのです。じつは、このようなことは、私に限らず、誰《だれ》にとっても同じことなのです。「私」という個人の中には「理科系」の部分も「文科系」の部分も「芸術系」の部分も混在しているのです。さもなければ、この複雑な社会の中で生きて行けるはずがありませんし、人間的生活ができるはずがありません。要は、それぞれの〝程度の差〟なのです。

ところで、いま私は、世間で一般的に使われている「文科系」「理科系」という言葉を使ったのですが、そもそも、この場合の「文科」「理科」とは何なのでしょうか。

国語辞典には、「文科」は「[大学の専門課程で]人文科学・社会科学系統のもの［狭義では文学部系統を指し、広義では経済・経営・商・法などの学部を含む］」、「理科」は「[大学の専門課程で]文科系統以外のもの［数学・物理学・化学のほか、工学・農学・医学・薬学をも含む］」(『新明解国語辞典』)と説明されています。そして「〜系」の「系」は「その系統・系列に属する(もの)」(同辞典)の意味です。

つまり、国語辞典的にいえば、「〜系の人」は、ここに書かれているような専門課程で勉強した人、ということになります。

　しかし、世間でいうところの「文科系の人」「理科系の人」はもっと単純で、あえてステレオ・タイプ（常套《じょうとう》的形式）で述べれば、前者は「数学や物理などの理科系科目（特に数学）が嫌いな人、苦手な人」、後者はそれらが「好きな（嫌いでない）人、得意な（不得意でない）人」となるのではないでしょうか。そして、「文科系の人」にしろ、「理科系の人」にしろ、その大半は、自ら進んで、そのような〝分類〟に飛び込んでいったわけではなく、現実的には、大学受験に関係する学科の試験の出来・不出来（つまり「成績」）によって、そのように分類されたという人なのではないかと思います。また、これから「進路指導」を受ける高校生の場合は、そのように分類されようとしているのではないかと思います。

　ところが、いままで、「理科系」や「文科系」のさまざまな分野の〝仕事〟に従事し、それらの〝まとめ〟としての本を少なからず書いて来た私にいわせれば、一人の人間が「理科系」に属するか、「文科系」に属するかなどというのは、本来、学校の学科の試験の〝良し悪し〟なんかで決められるものではないのです。さらに、学校の試験などを通じて評価し得る人間の能力や資質は、ほんの少しの限られたものにすぎないのです。それなのに、日本の社会では現実的に、学校の試験の成績次第で、一人の人間の「優劣」や「適性」、そして「文科系」か「理科系」かのレッテルが貼《は》られてしまう傾向があることを否めないのはまことに遺憾です。このようなことを書き始めると、日本の教育批判になり、キリがなくなりますので、このへんで打ち切りますが、自分で自分を簡単に「文科系」あるいは「理科系」に決めても、また誰かに決められてもいけません。

ともあれ、本書における「文科系の人」は前述のようにステレオ・タイプ的に「数学や物理などの理科系科目（特に数学）が嫌いな人、苦手な人」ということにしておきます。

しかし、私がはっきりと申しあげておきたいのは、「嫌い」あるいは「苦手」なのは、あくまでも学校で教わった（教わっている）数学や物理、そしてそれらの試験のことであって、本当の数学や物理とは別もの（まったく別とはいいませんが）ということなのです。学校の先生に怒られることを承知でいえば、そのような「文科系の人」たちの多くは、学校の授業や教科書の「お蔭」で、数学や物理が〝嫌い〟あるいは〝苦手〟になってしまったのです。

じつは、「文科系の人」に限らず、最近は、理工系大学や理工系学部に入学する「理科系の人」でも数学や物理が嫌いあるいは苦手というのが少なくないのです。なにしろ、最近は理工系大学も理工系学部も「多様化」していますからね。

しかし、数式や数学や物理が日常生活に極めて密接に関係し、身近なものであることがわかれば（第2章で詳しく述べます）、彼らは数学や物理に興味を持ち、そして彼らを〝数式〟と〝暗記〟から解放してあげれば、数学や物理が好きになって（少なくとも嫌いでなくなって）くれることは、私自身、大学での講義で実感していることなのです。

とにかく、「文科系の人」に（もちろん「理科系の人」にも）申しあげたい最も大切なことは、自然を素直な気持ちで観察し、自然界のさまざまな事象の因果関係、自然の道理を自分なりに考えることです。そして、最も避けなければならないのは、事項や公式を理屈抜きに暗記し、「問題」の「答」を機械的に、そして効率よく見つけようとする態度（じつは、このような態度こそ学校の試験でよい点を取るために最も求められるものなのですが）です。

　文豪といわれ、優れた自然科学者でもあったゲーテは「熟視は観察へ、観察は思考へ、思考は統合へと必ずや移行するものだから、世界を注意深く眺めているだけで、われわれはすでに理論化をおこなっているといえる」といっています。「文科系の人」が苦手とすることの一つが〝理論化〟ということではないかと思いますが、その理論化の第一歩が熟視、つまり「じっとみつめること」だといっているのです。

　また、ロシアの文豪の一人、チェーホフは「ぼくは、医学の修業が自分の文学の仕事に大きな影響を及ぼしたことを疑わない。それはぼくの観察の領域を著しく拡げ、さまざまな知識でぼくを豊かにした。自然科学を知り、科学の方法を知ったおかげで、ぼくは常に慎重な態度を取り、可能な場合には科学の資料にのっとろうと努力したし、それが不可能な場合には、むしろまったく書かないことを好んで来た。」と述べています。

このような文豪（「文科系の人」？）の言葉を知るにつけ、ステレオ・タイプ的にいう「文科系の人」「理科系の人」が大した意味を持たないことを実感するのではないでしょうか。念のために書き添えますが、〝文豪〟ゲーテも、チェーホフも「文科系」「理科系」両方に強かったのです。

いま私は、学校の授業や教科書の「お蔭」で、数学や物理が〝嫌い〟あるいは〝苦手〟になってしまったために「文科系の人」になった人が少なくないのではないか、ということを書いたのですが、もちろん、逆の場合もあるわけです。

つまり、たとえば、学校で習う歴史や古文などの「文科系」の科目が面白くないために、「文科系」が〝嫌い〟あるいは〝苦手〟になってしまったために「理科系の人」になった人もいるのです。確かに、私自身、学校で習った「イイクニ（一一九二）つくる鎌倉幕府」のように「年表」の年を暗記する「歴史」や断片的な文を読み「ラ変五段活用」などを暗記させられた「古文」の勉強などには興味が持てませんでした。幸い、私は、このような「学校の勉強」によって「文科系」の科目が嫌いになることはなかったのですが、嫌いになった人、そしてそのことがきっかけになって「理科系」に進んだ人も少なくはないのではないでしょうか。第4章で述べますように、後年、私は「歴史」や「日本の古典文学」の面白さに大いに感動することになるのですが、学校の「文科系」の科目が〝嫌い〟あるいは〝苦手〟なために、消極的な理由で「理科系」に進んでしまうことも、まことにもったいないことなのです。

もう一度、私がここで強調しておきたいのは、「学校の試験の結果」や「学校の勉強の面白くなさ」などの消極的な理由で単純、安易に自分のことを「文科系」、「理科系」に決めてしまったらもったいないということです。自分の大切な一生をより豊かに、より楽しく送るために、本当に自分が好きなこと（それは、「学校の試験の成績」とは関係ないことが多いのです）を見つけていただきたいのです。

私は、この本が、みなさんが「本当に好きなこと」を見つけるための助けになってくれることを祈って書いているのですが、実際にそうなってくれれば、著者として、それに勝る喜びはありません。

文理系と工経系

いま述べましたように、一般に諸学問は「文科系」と「理科系」とに大別され、これをやや具体的に書き改めれば「人文社会系」と「理工（理学・工学）系」になるわけです。

理工系の中の理学は、自然科学を研究する学問の総称と考えてよいでしょう。〝理学〟に相当する英語は〝自然科学〟と同じ〝natural science〟です。〝工学〟は英語では〝engineering〟で、自然科学をエネルギー制御、モノづくり（工業生産）に応用し、それらの効率を向上させるための技術を普遍化、体系化するための学問の総称です。

じつは、〝工学〟を意味する英語の〝engineering〟には「問題を巧みに処理すること」という意味も含まれています。つまり、工学は科学と技術を使って〝問題を巧みに処理する〟のです。問題を巧みに処理するためには、段取り、設計が必要で、その時、数学が具体的な形で大いに貢献するわけです。

近年、科学と技術との関係が一段と密接になる中で、理学と工学も互いに接近し、それらが融合しつつある、ともいわれます。その結果、大学の学部として、従来の理学部、工学部に加え、あるいは理学部と工学部を改組して理工学部ができています。しかし、科学と技術との関係がいかに接近し、いかに濃密になっても、それらが互いに本質的に異なるものであるのと同様に、理学と工学は本質的に異なるものなのです。理学と工学では、研究する〝姿勢〟にも本質的な違いがあります。

自然科学である理学では、研究者個人の興味に基づいて研究課題や研究方法が選ばれることが許されます。しかし、〝問題を巧みに処理する〟普遍的、体系的技術に結びつかなければならない使命を持つ工学においては、必然的に、ある具体的な目的（目標ではありません）を設定して研究するのですが、そこへ到達するための道筋は必ずしも〝科学的〟である必要はないのです。

もちろん、一般的に「工学の基礎は理学であり、理学を応用するのが工学である」というのは一面的には正しいのですが、理学は工学の基礎の一つであり、また工学に応用されるべきものの一つにすぎないのです。科学が技術の助けを借りるように、理学が工学の助けを借りることがあるのはいうまでもありません。

自然が相手の理学（自然科学）とは異なり、技術、工業生産を通して社会と深く関わる工学が基礎とすべきものは少なくありません。理学のほかに、経済学、社会学、統計学、安全学、場合によっては法学すら基礎になるのです。

確かに、自然現象や物質を研究対象とする理学と、それを一つの基礎とし、技術を普遍化、体系化する工学をひとまとめにして〝理工系〟と呼ぶのは、現実的には間違っていないかも知れないのですが、それぞれの学問の本質を考えますと、工学は理学よりはむしろ経済学との共通項を多く持っているように思われます。また、理学は工学よりはむしろ哲学や芸術、文学などの〝文〟と多くの共通項を持っているように思われます。

このようなことを考えますと、私には、これからは諸学問を「理工系」と「人文社会系」にくるのではなく、「文理系」と「工経系」にくる方がよいのではないか、少なくとも、その方が、それらの学問的本質にかなっているくくり方に思えるのです。

文理芸融合

人類の知性の賜物である科学と技術は人類に「豊かな生活」をもたらせてくれました。科学が人間自身によってつくられた学問であり、技術が明確な目的と経済観念を持つものである以上、科学と技術が人間に物質的繁栄と便利さに満ちた「豊かな生活」をもたらしたのは当然といえば当然です。

しかし、「豊かな生活」を享受する「現代文明人」に精神的病魔が襲いつつあることも、人類を含むすべての生きものの生存基盤であるこの地球環境が脅《おびや》かされつつあることも、さまざまな社会的、自然的現象から明らかでしょう。

人類も、地球も、どうして、そのような〝病魔〟に襲われなければならなかったのでしょうか。

私は、その大きな理由の一つは、近年の「文科と理科の離反」ではないかと思っています。

私が敬愛する優れた物理学者であると同時に優れた文学者でもあった寺田《てらだ》寅彦《とらひこ》（一八七八〜一九三五、物理学者、随筆家、俳人）は、ある随筆の中で、科学と芸術はいずれも人間の創作であり、人間の感性と理性によって分析し総合して織り出された〝文化の華〟であるといっています。ところが、「科学」と「芸術」という名称の対立のために、これらの二つの世界ははっきりと切り分けられて来たのです。この「科学」を「理系」、芸術を「文系」に置き換えても、話は同じです。「文系」の人は科学の方法も事実も知らなくてもなんら差し障りがないと考えられ、「理系」の人は芸術の世界に片足でさえも入れる必要がないと考えられたのです。まさに、このことが、意識的あるいは無意識的な「文科と理科の離反」であり、それが、〝病魔〟の元凶であろう、と私は思います。

広く、地球と人類の健全な未来のために、これからは「文科と理科の融合」（「文理融合」）はもとより、「芸術」との融合（「文理芸融合」）が不可欠でありましょうし、これから、地球と人類が必要とするのは「文理芸融合」型人間でありましょう。

いま述べました「文理系」、「工経系」、「文理芸融合」の関連を概略的にまとめたのが図1です。それぞれが相互作用し、相補的に高め合っていることを理解してください。

私は、もう一度、「文理芸融合」型人間の重要性を強調しておきたいと思います。

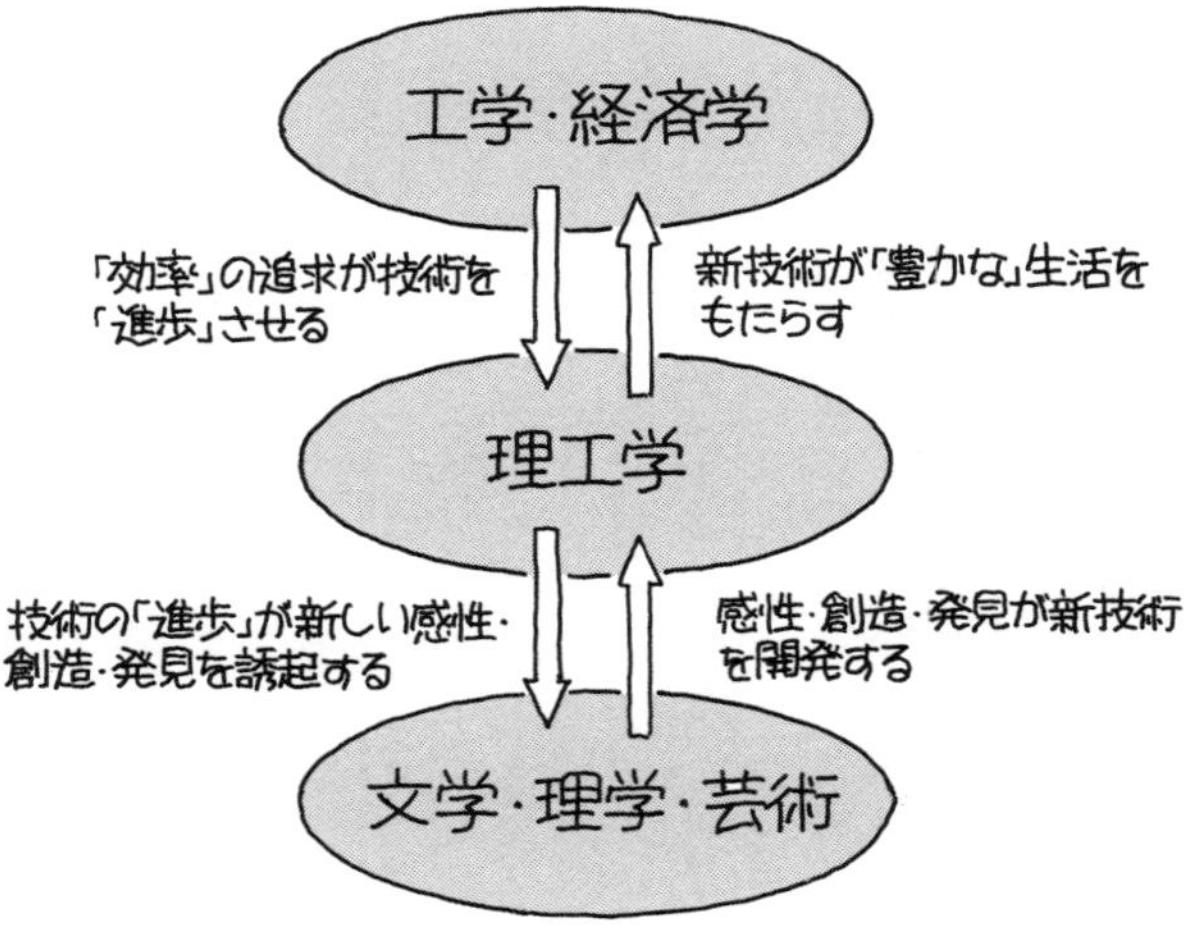
工学・経済学
「効率」の追求が技術を
「進歩」させる
新技術が「豊かな」生活を
もたらす
理工学
技術の「進歩」が新しい感性・
創造・発見を誘起する
感性・創造・発見が新技術
を開発する
文学・理学・芸術

図１　学問の連関

第1章　何のために勉強するのか

何のために勉強するのか

みなさんは「何のために勉強するのか」と聞かれたら、何と答えるでしょうか。

学校でよい成績を取るため？　よい大学に入るため？　よい企業に就職するため？　ただ勉強が好きだから？　親が「勉強しろ」というから？　学校の先生が「勉強しろ」というから？　ヒマだから？

タテマエはともかく、ホンネでいうとすれば、さまざまな答があるでしょう。

私は、「フーテンの寅《とら》さん」が主人公の映画「男はつらいよ」（全四八作）の熱狂的ファンで、全作を平均すれば五〜六回、好きなものは十回くらい観ており、筋書きはもとより、台詞《せりふ》まで憶えているくらいなのですが、この第四〇作「男はつらいよ・寅次郎サラダ記念日」（一九八八年十二月公開）の中で、寅さんと大学受験に失敗し浪人中の甥《おい》・満男が次のようなとても興味深い会話をしています。

満男が寅さんに「大学へ行くのは何のためかなあ」と聞きます。中学校すらまともに出ていない寅さんは「決まっているでしょう。勉強するためです」と答えます。これは、極めてまっとうな常識的な答なのですが、私のように日常的に現実の大学生を見ている人間からしますと、「勉強するために大学へ行く」ということは、必ずしも「決まっている」ことではないらしく、「何のために大学へ来た」のかわからないような学生が少なくないのも否めないのです。浪人中の満男が悩むのも当然です。寅さんのいうように、本来は「勉強するために大学へ行く」のです。満男は続いて「じゃあ、何のために勉強するのかなあ」と質問します。

古代ギリシャ以来、「何のために学問するのか」は多くの賢者を悩ませてきた問題なのです。『学問のすすめ』を書いた福沢諭吉ならば「愚人にならず賢人となるため」と答えるかも知れません。しかし、このような答は、いわば「賢人の答」であり、満男やみなさんのように、これから大学へ行こうとする人にとっては「空論」に聞こえるでしょう。

寅さんはさすがです。

「お前は難しいことを聞くなあ……つまり、あれだよ、ほら、人間、長い間生きてりゃあ、いろいろなことにぶつかるだろう。な、そんな時、オレみたいに勉強していないヤツは、振ったサイコロの目で決めるとか、その時の気分で決めるよりしょうがない。ところが、勉強したヤツは、自分の頭できちんと筋道立てて、はて、こういう時はどうしたらいいかな、と考えることができるんだ」と答えるのです。

そうなのです。

どうして、学校でいろいろなことを勉強するのかといえば、それは「物事を、自分の頭できちんと筋道立てて考えることができるようなる」ためなのです。

いま、私は大学で「教育」に携わっているのですが、もし、学生に「何のために勉強するのか」と聞かれたら、この寅さんのように答えます。私には、若い人たちに対し、この寅さんの言葉以上に的を射た答は見つかりません。

学校できちんとした勉強をしていない寅さんは、きちんと筋道立てて考えられないことに劣等感を持っています。実際、そのために、寅さんらしい失敗を繰り返すことになるのです。しかし、寅さんは寅さんなりに、いつも「人間性」という観点での「筋道」を通している、と私は思っています。だから、私は寅さんのファンなのです。寅さんの「筋道」は学校なんかではなかなか学べない、人間として本当に大切なものなのです。しかし、そのような寅さんの「筋道」(私はそれが大好きなのですが)はしばしば現代の「社会常識」から外れてしまうために、さまざまな悲喜劇が生まれる次第です。

いずれにせよ、学校で勉強する本当の目的は、試験でよい点を取ることでも、「有名校」の入学試験や「有名企業」の入社試験に合格することでもないのです。それは、一つの「結果」にすぎません。それなのに、現実的には、多くの学校では試験対策的な「教育」が行なわれているのはまことに遺憾なことだ、と私はいつも思っています。自分自身の頭で筋道立てて考える智慧《ちえ》をつけるために、いろいろなことを勉強するのです。

この〝いろいろなこと〟は「学科」だけのことではありません。趣味や遊びや部活動や、そのほかさまざまな「社会勉強」をも含みます。学校で何かを学んでも、それだけでは何もできません。自分の頭で筋道立てて考えることが大切なのです。

ですから、「文科系の人」でも「理科系の人」でも、学校で（別に「学校」でなくてもよいのですが）勉強した人は「自分の頭で筋道立てて考えること」ができなければなりませんし、また、できるはずなのです。

私はいつも学生に「常識的な答を知っている人間になるより、物事の本質を問える人間になって欲しい」といっています。

いまの世の中、「常識的な答」はインターネットなどで、誰にでも簡単に得ることができますが、「物事の本質を問う」ということは簡単なことではありません。物事の本質が問えるためには、「筋道立てて考えること」が前提になります。情報技術（IT）の発達した社会が求める人材（人財）は「常識的な答を知っている人間」ではなく「物事の本質を問える人間」であることは明らかでしょう。

「筋道立てて考える」ということ

ここで問題にしたいのは、その〝筋道〟です。

つまり、私には、「文科系の人」と「理科系の人」の〝筋道〟に違いがあるように思われるのです。

さまざまな事象の間に客観的・普遍的な規則や原理を見出し、全体を体系的に組織し、説明しようとするのが〝科学〟です。したがって、その対象によって、科学は人文・社会科学（文系）と自然科学（理系）に大別されます。

人文科学が対象にするのは人間の精神活動であり、広くは人類の文化です。また、社会科学の対象は人間の生活環境や社会現象です。つまり、文系の科学の対象は個別的であり、時代あるいは地域によっても変化し得ますし、そのような〝変化〟自体が〝科学〟の重要な対象になるのです。

いま「さまざまな事象の間に客観的・普遍的な規則や原理を見出し、全体を体系的に組織し、説明しようとするのが科学である」と述べたばかりなのですが、じつは、人文・社会科学の対象を考えれば、それによって導かれる結果・結論は、宇宙全体の観点からはもとより、地球（世界）的観点からも、普遍的にはなり得ず、その適用範囲の広さに違いはあっても、いずれにせよ個別的であり地域的なものにならざるを得ないことは避けられません。また、このような〝個別性〟と〝地域性〟が人文・社会科学の真髄でもあるのです。

さて、〝筋道〟の話ですが、いま述べたことからすでにおわかりのように、「文科系の人」の〝筋道〟の基盤は〝個別的〟、〝地域的〟になる傾向があります。具体的にいえば、〝筋道〟の基盤や判断の規準が〝時代〟や〝社会情勢〟や〝生活環境〟などによって変化、変動し得るということです。そして、そのような〝変化〟、〝変動〟は、〝その時の気分で決める〟自分の行動を是認しがちになります。

一方、自然科学が対象にするのは客観的な〝実在〟と〝挙動〟です（じつは、現代物理学の観点からいえば、この〝客観的〟や〝実在〟がクセモノなのですが、ここでは深入りしないことにします)。

それらはまず第一に、個々の人間に特有のものではなく、普通の、一般的な能力の持ち主であれば誰にでも共通に認識できるものです。また、第二に、それは実験あるいは観測によってあいまいさなしに検証できるものです。したがって、特定の個人、地域、社会によって変動するような事象は自然科学の対象にはならないのです。

このため、自然科学においては、このような〝実在〟に対する実験や観測が重視され、それらで得た結果を〝客観的事実〟として認め、この自然を理解しているのです。事実、私たちの生活空間からはるかかなたの宇宙まで、正しく行なわれた実験・観測によって得られた結果と〝自然〟とが見事に対応しています。

自然科学を勉強した「理科系の人」の〝筋道〟の基盤は、このような〝自然〟の事象であり、その理屈を考える自然科学から導かれる宇宙規模で普遍的な自然の摂理なのです。「理科系の人」は、きちんと筋道立てて考えることを、〝自然〟と自然科学から学ぶのです。したがって、そのような〝筋道〟に忠実である限り、自分の行動を〝その時の気分で決める〟ことはなく、また、そのような〝その時の気分で決める〟行動が是認される余地はないのです。もちろん、いずれにせよ人間ですから、自分の行動を〝その時の気分で決める〟ことがあっても仕方ないし、それは、場合によっては、とてもすばらしいことでもありますが、少なくとも、「理科系の筋道」の基盤は、それを是認してはくれないのです。

科学的態度

繰り返し述べました〝きちんと筋道立てて考える〟のが、いわば「科学的態度」というものです。科学的態度の土台は自分自身の観察、客観的事実、先人の知識の積み重ねです。これらを総合的、論理的に考えるのが〝きちんと筋道立てて考える〟ということです。

自然科学の分野で、いままでに幾多の天才が現れていますが、中でも、文句なく〝天才中の天才〟と呼んでよいのはニュートンでしょう。十七世紀から十八世紀にかけて、物理学、数学、天文学の体系を建設したイギリスの科学者です。この大天才・ニュートンが「もし、私がほかの人よりも遠くを見ることができるとすれば、それは、私が巨人たちの肩の上に乗っているからだ」(図2)といっているのですが、私は、ニュートンの、この謙虚で、正当な言葉が大好きです。ニュートンがいう「巨人たち」というのは、ニュートン以前のアリストテレス、コペルニクス、ガリレイ、ケプラーらの自然哲学者、科学者たちのことです。ニュートンが物理学、数学、天文学を体系化できたのは、もちろんニュートン自身の天才性に負うところが大きいのですが、先人たちの努力、その結

図2　叡智の積み重ね

果としての知識が土台になっているのです。そのことを、ニュートンは謙虚に「巨人たちの肩の上に乗っている」といっているわけです。そして、ニュートンの肩の上に乗るのがファラデイ、マクスウェル、ローレンツ、アインシュタインらの科学者です。このように、科学は人類の叡智《えいち》の積み重ねなのです。もちろん、科学は万能ではありません し、科学的に理解できないことはまだまだたくさんあるのですが、積み重ねられた叡智は簡単には崩れることがありませんし、私たちが〝筋道立てて考える〟上で、十分に信頼できる基盤です。

科学は十分に信頼できるものであるだけに、それを逆手にとった、いかにも「科学」っぽい道具や理屈を使った〝詐欺〟が少なくないのも事実です。私にはどう考えても科学的根拠があるとは思えない「科学」的成果をうたった、さまざまな詐欺まがいの商品、特に「健康・医療」関係の商品は昔からたくさんありました。

たとえば、「念力で空中浮遊する」というような荒唐無稽《こうとうむけい》な「超能力」に騙《だま》される人は少ないと思うのですが、一見「科学」的な人に、ちょっと「科学」的な言葉を使われ、あたかも「科学」的な「データ」を示されると騙されてしまう人が少なくないようです。確かに、普段、科学に縁がない人が、「科学」っぽい言葉や「理屈」、つまり「ニセ科学」に惑わされることも理解し難いことではありません。

しかし、日常の場において、栄養過多の人が苦労しないで簡単に痩《や》せることも、「よくない頭」が「よい頭」に簡単に変わることもないであろうことは、ちょっと冷静に筋道立てて考えればわかることです。

ちょっと考えればわかることとは「ニセ科学」だけではありません。労せずして簡単に「金が儲《もう》かる」はずがないではありませんか。簡単な挨拶程度の英語ならまだしも、「一日五分の努力」で実用的な英語が話せるようになるはずがないではないですか。道具を買い替えるだけで、ゴルフのスコアがすぐによくなるはずがないではないですか。

書店で「本が十倍速く読める法」とか「記憶力が十倍よくなる法」とか「一週間で五か国語がペラペラになる法」とかいう本を見かけることがありますが、真面目に考えれば、そんなうまい方法があるわけないじゃないですか。

　こんな例は枚挙にいとまがありません。

　私たちは、きちんと筋道立てて考える科学的態度によって、このような〝詐欺〟や最近跡を絶たない〝振り込め詐欺〟のような被害から自分の身を守ることは簡単です。

　もちろん、「人を騙す人間」が悪いことはいうまでもありませんが、私は「騙される人間」も悪い、「騙される人間」にも相応の責任がある、と思っています。

　ところが、『水からの伝言』という「水の写真集」に書かれた、あまりにも荒唐無稽な、超非科学的な内容が「小中学校の道徳の授業などに使われた」らしい記事を読んで、私は愕然《がくぜん》としました。

　その「あまりにも荒唐無稽な、超非科学的な内容」はあまりにもバカバカしいので、本当は、ここに記す気にもなれないのですが、この「あまりにも荒唐無稽な、超非科学的な内容」を信じている人が少なからずいる、ということの重大さを読者のみなさんに理解していただくために若干触れざるを得ません。

この『水からの伝言』には、透明容器内の水に「ありがとう」というような感謝の気持ちを表わす言葉を書いた紙を貼付けて凍らせると美しい形の結晶になり、逆に「バカヤロウ」というような言葉の場合には醜い形になる、というようなことが書かれているのです。この「水」は日本語のみならず、英語、韓国語も「理解」します。さらに「天照大神」と書いた紙を貼付けて凍らせると美しい形の結晶になり、「アドルフ・ヒットラー」と書いた紙を貼付けて凍らせると醜い形になる、というのです。この「水」は日本史、世界史も「理解」するようです。

このような話を寓話として読むのであれば、とても面白いし、私はこのような主旨の寓話は嫌いではありません。しかし、この本の犯罪的ともいえる点は、「水の結晶（氷）の形」の話が、あたかも「科学的実験」によって実証されているように書かれていることです。

じつは、私自身、五年間ほど水の物理的性質に関する科学的研究をし、その研究成果を『「水」をかじる』（ちくま新書）として出版していることもあり、この『水からの伝言』に書かれている内容について、複数の人から「本当ですか？」と何度も質問され、そのたびに、一笑に付して来た経緯があるのです。私には極めて意外なことに、私の「一笑に付す態度」を快く思わない人（つまり『水からの伝言』の内容を信じている人）もいます。私は、そのような人には「もちろん、私は、何でも科学的に説明できるなんて思っていませんし、人間の科学では説明できない、厳然たる事実があることも知っていますが、この、水の結晶の形の話はあまりにもナンセンスで、どう頑張っても、あり得ないことです。だいいち、水はどうやって日本語、韓国語、英語の言葉の意味や、日本史や世界史の事実を知るのですか？」といって済ませて来たのです。また、このようないかがわしい本がたくさん売れているらしいことを知っても、「別世界のこと」として無視しておけばよかったのです。

しかし、「ニセ科学」の権化のような「水からの伝言」をあたかも科学的事実のように見せ、それを子どもの道徳教育に利用しようとしているとすれば、それは、科学に対しても、道徳に対しても、そして人間の心に対しても、冒瀆《ぼうとく》以外の何ものでもありません。

何ごとにも自分自身の五感で実際に触れていれば、真贋《しんがん》、真偽《しんぎ》の区別はそれほど難しいことではなく、また一時的に「誤解」したとしても、自分自身の五感で触れ続けている限り、そのような誤解は、いずれ解けるのです。

そして、さまざま〝詐欺〟や〝ニセ科学〟に騙されないための最も強力な〝武器〟が、きちんと筋道立てて考える科学的態度なのです。

〝知識〟と〝智慧《ちえ》〟

いま、「先進国」では「ＩＴ革命」が急速に進んでいます。〝ＩＴ〟というのは“information technology” つまり「情報（通信）技術」のことです。

確かにＩＴをはじめとするさまざまな文明の利器の発達により、〝昔〟とは比較にならないほどの容易さで、多量の情報を得ることが可能になり、その結果、現代人は〝昔〟の人間とは比較にならないほど多量の知識、情報を持っています。

いままでに人類が獲得した情報収集手段を歴史的に、また極めて概略的に列挙しますと、直接観察・見聞→書籍→ラジオ（音声）→テレビ（音声と映像）→インターネット（マルチメディア）となります。これは、そのまま、情報収集の「効率」と「容易さ」の向上の順番です。

まず、書籍のお蔭で私たちは時間（時代）と空間（地域）を超えた情報を得ることができるようになりました。さらに、活字と印刷術の発明は情報を量ばかりでなく、時間的、空間的にも著しく拡大したのです。そして、テレビは人類の知識量を飛躍的に増大させました。最近は、パソコンあるいは携帯電話を通じてインターネットを利用すれば、ありとあらゆる情報が瞬時に、極めて容易に得られるようになっています。

しかし、人間の脳の活動と〝情報の意味化〟において、文字メディアとテレビのような映像メディアとは根本的に異なります。

文字メディアの場合、まず文字を、そして読むことを学び、習得しなければなりません。また、文字というそれ自体は具体的な〝像〟を持たない記号の羅列である文、文章から場面や状況や内容を自分自身の頭の中で具体化しなければならないのです。自分自身による〝想像〟、〝組み立て〟の作業が必要なのです。そのためには〝心の眼〟が不可欠です。

ところが、テレビのような映像メディアは、具体的な像を音声つきで与えてくれます。自分自身による〝想像〟のような作業は不要なのです。したがって、その分、知識の増量は容易で迅速でもあるわけです。

この〝想像〟の作業が必要であるか否かは、脳の活性化、智慧の発達のことを考えれば、決定的な違いです。ＩＴの発達によって、人間は知識を飛躍的に増したのですが、それに比例して智慧を低下させたように思われるのです。智慧は自分の頭で考えることによって身につく能力だからです。ちなみに〝知識〟は「ある事項について知っていること」で、〝智慧〟は「物事の道理を悟り、適切に処理する能力」です。

もちろん、情報収集手段が直接観察・見聞や書籍などに限られていた〝昔〟は知識の多寡《たか》がその人物の価値を決める大きな要素でした。〝もの知り〟は大きな価値を持っていましたし、尊敬もされました。しかし、現在のようにＩＴが発達した社会では、知識の多寡については、人間がどのように頑張っても、膨大な記憶量をもつパソコンやインターネットに絶対に叶わないのです。つまり、人間の価値として、知識の多寡は大きな意味を持たないのです。人間の価値は智慧の多寡にかかっているのです。

フランスの思想家・モンテーニュが「知識がある人はすべてについて知識があるとは限らないが、有能な人はすべてについて有能である」といっていますが、その通りです。また、ニュートンと並び称される物理学者・アインシュタインは「想像力は知識よりも重要である。知識には限界があるが、想像力は世界を包み込むことさえできるからである。」といっています。

私は、みなさんに、世界を包み込むことさえできる想像力、物事の道理を悟り、適切に処理できる智慧を身につけていただきたいと思うのです。このような想像力や智慧は、教科書を暗記しただけでは決して身につかないのです。いままでに何度も述べました〝筋道立てて考える〟ということこそ智慧の真髄なのです。

〝考える〟ということ

もちろん、私は「知識は不要である」などといっているのではありません。私たちが〝勉強〟によって学ぶべきことは、〝考える〟基礎となる〝普遍的な土台〟です。知識は大切です。しかし、教科書に書いてあることを、そのまま機械的に暗記しても（テストの好成績にはつながるかも知れませんが）、それだけでは何の役にも立たないのです。

誰にとっても「暗記」は楽しいことではありませんが（少なくとも私は大嫌いです）、「自分の頭で考えること」は楽しいし、人生を豊かにしてくれます。つまり、智慧は人生を楽しく、豊かにしてくれるのです。また、智慧の有無は人生の「成否」を分けることも確かです。念のために書いておきますが、ここで私がいう人生の「成否」の要素は「出世」できるかどうか、「金持ち」になれるかどうか、というようなことではなく（そのようなことも人生の「成否」の一要素であることは確かでしょうが）、人生の充実ぶり、物心両面の（究極的には心の）豊かさのことです。

ところで、いままで何度も〝考える〟という言葉を使って来たのですが、じつは、〝考える〟ということは、それほど簡単なことではないのです。〝考える〟ことの難しさは「知識を得ること」に比べ、「智慧を身につけること」が難しいことに直結します。

いくつかの国語辞典を調べてみますと、〝考える〟はさまざまに説明されていますが、私が考える〝考える〟に一番近い説明は「経験や知識を基にして、未知の事柄を解決（予測）しようとして、頭を働かせる」（『新明解国語辞典』）です。〝考える〟基本は〝経験〟と〝知識〟です。それらを〝基〟にして〝頭を働かせる〟のが〝考える〟です。堂々巡りのようですが、この〝頭を働かせる〟というのがまた厄介です。

日本の代表的〝知性〟ともいえる小林秀雄は、「〝考える〟とは物に対する単に知的な働きではなく、物と親身に交わることだ。物を外から知るのではなく、物を身に感じて生きる、そういう経験をいう。」といっています。ここでも、やはり〝経験〟が大切です。もちろん、誰でも〝経験〟は持つのですが、それが漫然とした〝経験〟では〝考える〟基本にはならないのです。

私は、〝考える〟原動力は〝疑問を持ち続けること〟だと思っているのですが、じつは、ゲーテが「人間に知的な欲求がはじめて萌《きざ》してくるのは、その人間が重要な現象に眼を留め、注意を惹《ひ》かれた時である。この知的な欲求が持続するためにはさらに深い関心が生じて来なければならない。」といっていますように、〝疑問を持ち続けること〟は簡単なことではないのです。

つまり、問題は「その人間が〝重要な現象〟に眼を留められるかどうか」であり「注意を惹かれるかどうか」なのです。また、「その〝現象〟を重要と思えるかどうか」なのです。さらには「知的欲求を持続する」ためには、まず「持続」以前に、「知的欲求を持てること」、「強い関心が生じて来ること」が必要です。結局、ここでも、堂々巡りのような話になってしまいます。

結局、私は、子どもの頃のような「なぜ?」という問いこそ、人に考えることをさせ、人生を飽きさせないエネルギーの源だと思うのです。そして、その「なぜ?」は常識や、世間体や、「権威」にとらわれない素直な観察から生まれると思います。その〝素直な観察〟の基盤は〝感性〟です。

心に木を植える

近年、森林破壊、砂漠化、大気汚染、海洋汚染、有害化学物質の蓄積などなど、さまざまな〝環境問題〟が地球規模の問題になっています。結局のところ、すべての環境問題は、人間が地球上の物質とエネルギーを消費して文明を発達させ、物質的に豊かな生活を続けて来た結果の〝ツケ〟です。特に産業革命を経た一九世紀以降の科学・技術の急激な発達の結果を〝文明砂漠〟と表現し、自然環境だけでなく、極めて深刻な人間の内部の環境破壊が進行しているという警鐘を鳴らし続けていたミヒャエル・エンデは、ある本の中に「最近、常に環境破壊のことばかりが注目されているけれども、〝心の荒廃〟は環境の荒廃と同じように切迫していて、同じように危険なものである」と書いていました。

人は目に見える危機、目の前の危機にはある程度の対処ができるのですが、〝心の荒廃〟のように目に見えない危機、徐々に進行する危機には対処が難しいのです。エンデは〝心の荒廃〟に対抗するのに必要なのは「心の中に木を植えること」だといっています。

リンゴの花が満開の時期、私は安曇野《あずみの》の友人のリンゴ園を訪ねたことがあるのですが、可憐なリンゴの花を眺めながら、「木を植えるのはリンゴが欲しいからということだけではない。ただ美しいからという理由だけで植えることもある。何かの役に立つから、ということだけでなく、存在しているということが大切なのだ。」というエンデの言葉を思い浮かべました。

私は、〝心に木を植えること〟は、心の荒廃に対抗するばかりではなく、私たちの人生を豊かにするために根本的に必要なことのように思えます。心の中に木を植えることが、本当の〝勉強〟のようにも思えます。さまざまな、たくさんの木を植えれば、さまざまな、たくさんの実を期待することができます。

自然を素直な気持ちで眺めることや世界の古典を読むことやさまざまな芸術に触れることなども心の中に植えるべき大切な木です。

心の中のたくさんの木は、豊かな、充実した人生を送るための力、つまり〝人生力〟の源です。しかし、〝心の中の木〟を育てることは簡単なことではありません。社会の〝砂漠化〟が進めばなおさらです。

求められる文系の素養

人類の叡智の産物である科学は幾多の技術を生み、人類に、とりわけ現代文明人に、物質的繁栄と便利さ、豊かさに満ちた生活をもたらしてくれました。

しかし、一方において、そのような科学と技術が、いま述べましたように、人類を含むすべての生物の生活基盤であるこの地球の自然環境を痛め、急速に破壊し、少なからぬ数の動植物を絶滅に追いやっていることも事実です。また、ほかならぬ現代文明人自身も、物質的な「豊かさ」や「便利さ」とは裏腹に、精神的病魔に冒されつつあるように思われます。

私は夏目漱石の熱狂的なファンですが、およそ一〇〇年前に書かれた『草枕』の中に、

「汽車の見える所を現実世界と言う。汽車ほど二十世紀の文明を代表するものはあるまい。何百という人間を同じ箱へ詰めて轟《ごう》と通る。情け容赦はない。詰め込まれた人間は皆同程度の速力で、同一の停車場《ステーション》へとまってそうして、同様に蒸気の恩沢《おんたく》に浴さねばならぬ。人は汽車へ乗ると言う。余は積み込まれると言う。人は汽車で行くと言う。余は運搬されると言う。汽車ほど個性を軽蔑したものはない。文明はあらゆる限りの手段をつくして、個性を発達せしめたる後、あらゆる限りの方法によってこの個性を踏み付けようとする。」

や『行人』の中に、

「人間の不安は科学の発展から来る。進んで止《と》まることを知らない科学は、かつて我々に止まることを許してくれたことがない。徒歩から俥《くるま》、俥から馬車、馬車から汽車、汽車から自動車、それから航空船、それから飛行機と、どこまで行っても休

ませてくれない。どこまで伴《つ》れていかれるか分《わか》らない。実に恐ろしい。」

と書いています。明治時代の急速な「文明開化」に戸惑う「現代人」の気持ちが鮮明に現れています。

このような、科学と技術の正・負の両側面が一気に顕在化したのが二〇世紀でした。人類に繁栄と豊かさを、そして幸せをもたらすはずだった科学と技術になぜ〝負の側面〟があるのでしょうか。

一般に、「文科系の人は科学・技術に疎《うと》い」といわれており、事実、いままで、「科学・技術」を「理科系の人」に任せっきりにして来たのです。「科学・技術は理科系の人の仕事」ということを誰もが認めて来たのも事実です。

しかし、人類に繁栄と豊かさを、そして幸せをもたらすはずだった科学・技術の〝負の側面〟が顕在化した原因は、まさに、そのことにあった、と私は思うのです。

二〇世紀までの科学・技術の反省から、私は、二一世紀の科学・技術に火急《かきゅう》に求められるのは「文科系の素養」であり、これからの科学・技術の望ましい進展には「文科系の人」の参加が不可欠である、ということを強調したいと思います。また、これからは、「文科系の素養」に欠ける科学者や技術者は、真に人類、地球のための貢献ができないだろうと思います。「理科系の人」には「文科系の素養」を大いに高めていただかなければなりません。

同時に、「文科系の人」には「理科系の素養」を身につけていただかなければなりませんし、そのような「文科系の人」に科学・技術の分野で大いに活躍していただきたいと思うのです。

いずれにせよ、これからは、「理科系の人」も「文科系の人」も、心の中にたくさんの木を植えていただかなければなりません。その〝たくさんの木〟の中には芸術が含まれることが大切です。

「はじめに」で述べたことですが、これから求められるのは「文理芸融合」型人間なのです。

第2章　「数学、物理が苦手だから文系へ」という人に

数学は面白い！

すでに述べましたように、「数学が苦手だから文系へ」という人が少なくないのが現実です。

本当のところは「数学が苦手」というよりも、数と数学に対する一種の〝アレルギー〟ではないかと私は、思うのです。そして、その〝アレルギー〟は学校と教科書によって植えつけられてしまったのだと思います。実際、私の周囲にも「数学アレルギー」の人（特に、自分のことを「文系人間」と思っている人）が少なくないのですが、これはひとえに、学校で教わる（教わった）数学、つまり、〝試験のための数学〟のせいだろうと思います。これらの数学が面白くなく、これらの数学に興味を持てないのは、数学

が一種の暗記科目にされてしまっているからでしょう。機械的に公式を暗記し、具体的な意味を持たない問題を機械的に解く作業が面白くなく、そのような作業に興味が持てず、結果的に「数学が苦手」になってしまうのは、よく理解できることです。私自身、〝学校の数学〟に面白かった、興味深かったという記憶はあまりないのです。

しかし、本来、数学は〝ものごとを筋道立てて考える〟ことを教えてくれる、また、そのための訓練をしてくれる最たるものであり、私には、決して「面白くないもの」とは思えないのです。ちょっと大袈裟《おおげさ》にいえば、人生、数学の面白さと「数学は役に立つもの」ということを知らずに終えるのはまことにもったいない話なのです。

数の恩恵

もったいないかどうかはともかく、私たちの周囲の事物や現象を記述したり、理解したり、他人とのコミュニケーションをはかったりする上で〝数〟は不可欠です。

自分自身の幼時体験から考えてみますと、私たち人間は、手の指を折りながら（あるいは開きながら）「ひとつ、ふたつ、みっつ、……」というように数えることを本能的に知っていたのではないかと思われます。

しかし、数えた結果を表現する記号である〝数〟が発明され、〝数の概念〟が生み出されるまでには、人類の誕生から数百万年という長い年月を要したのです。

いま、〝数〟は空気や水と同じように、あまりにも当然のごとく存在しますので、私たちは、そのありがたさを意識することがほとんどないのですが、毎日の生活の中で、時刻、時間を表わす数にはじまり、物品の購入、経費の精算、支払いなどなどのことを考えれば、日常生活、社会生活が〝数〟なしには成り立たないことは明らかでしょう。

私たちが観察する物には〝大きさ〟と〝形〟があります。物の大きさ（量）を扱うには、同じ性質で一定の大きさ（量）のもの、つまり〝単位〟を決めて、その〝単位〟の〝何倍〟であるかを定めなければなりません。この〝何倍〟の〝何〟にあたるのが〝数〟です。

さまざまな数字

紀元前三〇〇〇年、メソポタミア南部のバビロニアに文明を興《おこ》したシュメール人は早くから文字と数記号を持っていたと考えられています。

木や石が乏しかったメソポタミアでは、川が運んで来た多量の粘土を使って、記録用の粘土板が作られました。粘土板が乾かないうちに、葦の茎を尖らせた筆（ペン）で記した、いわゆる楔形《くさびがた》文字が今日に伝えられているのです。数字は三種の基本楔形を使って表わされ、十進法と六十進法が混用されました。

バビロニアの数字とほぼ同じ時期に生まれたエジプトの数記号は他のエジプト文字と同じような象形文字です。一、一〇、一〇〇……の位に対して、それぞれ異なった記号が使われているのですが、基本的には十進法です。

バビロニア、エジプトの〝数学〟は、いわば実用的なもので、実生活に密接なかかわりを持つ個別的、経験的な知識でした。数学を統一的、理論的な体系に築き上げたのは古代ギリシャ人です。古代ギリシャの数記号は〝1〟を表わす〝I〟を除いては、ギリシャ語の数詞の頭文字を使ったものでした。

現在、世界で普通に使われている1、2、3、……という数字は一般に〝アラビア数字〟と呼ばれていますので、アラビアに起源があると思われがちですが、事情は少し異なります。

本当の起源は、古代インド語の数詞のはじめにある字母を省略してつくられた〝インド記数法〟で、それがアラビアを経て中世ヨーロッパに拡がり、今日の形に定着し、一般に〝算用数字〟と呼ばれるようになりました。

ちなみに、「一、五、十、百、千……」という漢数字を使っていたわが国で、算用数字が一般に使われるようになったのは、明治時代に入ってからのことです。

画期的なゼロの発見

インド記数法が画期的なのは、ゼロ（0）を導入することによって、「位取り」による記数法が可能になったことです。そのお蔭で、1から9、そして0の一〇個の数字を用いるだけで、あらゆる数字を自由に書き表わし得るのです。これは、数の表記の上で、大革命です。

たとえば、〝六十八〟と〝六百八十〟と〝六百八〟を区別するには、どうしても〝空位〟を表わす〝0〟が必要です。つまり、空位を表わす記号なしには位取り記数法は成り立たないのです。この〝空位（ゼロ）〟の導入こそインド記数法の真髄です。そしてインド記数法こそ唯一の「計算数字」であり、また唯一の優れた「記録数字」でもあるのです。

たとえば、〝0〟がないエジプト、ギリシャ、ローマなどの記数法では、桁数が一つ増えるごとに新たな〝数字〟が必要になってくることはおわかりでしょう。また、〝0〟を含むインド記数法によれば、二つの数字の大小が一目で判定できることも大きな利点です。さらに、私たちは、普段、簡単な計算は筆算で行ないますが、筆算が行なえるのは〝0〟を持つインド記数法ならではのことです。

読者のみなさんは、普段「ゼロの恩恵」など意識することはないと思うのですが、もし、「ゼロ（0）」がなかったらどうなってしまうか、ちょっと考えてみてください。

（数学に悩まされることがなくなる!?）

記数法における〝空位（ゼロ）〟の発見は、単に数字としての一つの記号の発明にとどまらず、何もない〝ゼロ〟という数の認識、ひいては〝ゼロ（0）〟という「数」を用いて行なう計算法の発明をも導いているのです。

今日の科学、技術、そして工学の発展は〝数〟、〝数学〟なくしては考えられません。そういう意味で、〝ゼロ（0）の発見〟そしてインド記数法なくして今日の科学・技術文明はあり得なかった、といっても決して過言ではないでしょう。

ところで、〝ゼロ（0）の発見〟が古代バビロニア、エジプトあるいはギリシャ人ではなく、なぜインド人によって為されたのでしょうか。単なる偶然にすぎないのでしょうか。

私は、決して偶然ではないと思っています。やはり、インド人だからこそ〝ゼロ

（0）の発見〟が為されたのだと思います。それは、インド人、インド哲学（仏教思想）に脈々と流れている「空《くう》の思想」と無関係ではないでしょう。ここでは、この「空《くう》の思想」には深入りしないで、私はただひたすらインド人の天才に感激しておきたいと思います。

自然現象と数式

古代ギリシャのピタゴラスは哲学・数学・音楽・天文学の殿堂を設立しましたが、彼の学派の教義は「宇宙には美しい数の調和がある」というものでした。また、近代科学の祖・ガリレイは「自然の書物は数学の言葉によって書かれている」と述べていますが、確かに、数学が少しでもわかりますと、自然を理解するのにも大いに役立ちますし、それは自然の神秘の驚嘆にもつながるのです。

たとえば、リンゴの実はニュートンが見ていようがいまいが、人間がいようがいまいが、落下する時には落下しますが、そのリンゴが落下を始めた時からの時間tと落下距

離dとの間には

$$d=\frac{1}{2}(gt^2)$$

という簡単な関係（gは「重力の加速度」と呼ばれる自然界の定数）があることは驚嘆に値するとは思いませんか。つまり、〝物体の落下〟という、人間にはまったく関係がない純粋な自然現象が、自然界に存在するわけではなく、人間がつくった数式で完璧に表現されているわけです。不思議なことではありませんか。このことが、私には身体が震えるほど不思議で仕方ないのです。

じつは、このような例はほかにもたくさんあるのです。

たとえば、自然界には重力、電気力、磁気力というものが存在し、いまのところ、これらはまったく別のものと考えられているのですが、それぞれの〝力〟の大きさを表わす式はまったく同じ形なのです。これも、私には不思議で仕方ありません。

自然現象は人間にまったく関係なく起こるものなのに、それがどうして、人間がつくった数や数式で完璧に表現できるのか、私には、ほんとうに不思議で仕方ないのです。そして、あらためて「自然の書物は数学の言葉によって書かれている」というガリレイの言葉を思い起こすのです。

みなさんにも、人間とまったく関係ない自然現象が、完全に人間の創造物である数式で表現できることの不思議さに感動していただきたいと思うのです。

そうすれば、数や数式に対するアレルギーも消え、数学に興味を持ってもらえるのではないかと思います。

数学は「外国語」の一種

ガリレイは「数学の言葉」というのですが、私は、数学あるいは数式は「外国語」の一種だと思っています。外国へ行った時、外国語ができなくても、身ぶり手ぶりでなんとかなるとは思いますが、多少でも外国語を使えた方が何かと便利ですし、外国での楽しみも格段に拡がります。それと同じように、数学や数式という「外国語」も、日常生活においても、知らなくてもなんとかなるのは事実ですが、多少なりとも知っていれば、自然現象のみならず社会現象を、より明瞭に理解するのに大いに役立ちます。

外国語が好きな人も嫌いな人も、得意な人も苦手な人もいるように、数学、数式という「外国語」が好きな人も嫌いな人も、得意な人も苦手な人もいるのは当然です。しかし、数学が嫌いな人や苦手な人が、先天的に「嫌い」「苦手」であるとは、私にはどうしても思えないのです。すでに述べましたように、学校の先生には申し訳ないのですが、面白くない教科書や授業のせいで、数学が嫌い、あるいは苦手になってしまった人が大半なのではないでしょうか。

物理の第一歩は感動すること

数学とともに、〝理系嫌い〟のきっかけになる科目が物理です。

私はいま、理工系の大学で主に物理系の科目や科学・技術論などを担当しています。

毎年、新入生を対象にした「物理学入門」の最初の授業の時、「物理はやさしい、と思っている人、手を挙げて」と聞くのですが、手を挙げる学生はいません。逆に「難しいと思っている人」と聞くと、半分以上の学生が手を挙げるのです。実際、高校で物理を勉強して来る学生は年々減っているようです。断っておきますが、これは「理工系大学」での話です。

また、私は時々「生涯学習」「市民大学」のような場で一般社会人に話をします。その際、同じ質問を聴講者にしても、その反応はほぼ同じです。

もちろん、物理をやさしいと思っていたり、物理を得意とする学生や社会人もいないわけではありませんが、一般に、日本人は内気ですので、手を挙げ難《にく》い、ということもあるでしょう。私は、アメリカの大学にいた頃、同様の機会に同じ質問をしたところ、勢いよく手を挙げる学生が何人もいたことを懐かしく思い出します。これも日米の文化の差の一つでしょう。

また、「内気」であることとは別に、「物理は難しい」ということが、確かに、日本の〝社会通念〟になっているようですので、「物理はやさしい」などといったら「ヘンなヤツ、嫌なヤツ」と思われてしまうのを恐れる、ということも影響しているでしょう。なんせ、日本社会における重要な処世訓の一つは「みんなと同じであること」「目立たないこと」ですから。

いずれにしましても、世の中に「物理は難しい」と思っている人が多いのは事実でしょう。私は、物理が何であるかという以前に「物理」という言葉を聞いただけで震え上がる人を何人も知っています。

ここで、私は声を大にして「物理」を弁護したいのです。

こうした事態は、数学の場合とまったく同じように、「学校で教わる物理」が面白くなく、その結果、「物理は難しい」と多くの人に思わせてしまったためであり、「物理」そのもののせいではないのです。確かに、自分自身のことを振り返ってみましても、学校で習った物理は、あまり面白くありませんでした。「面白くない物理」、結果的に「難しい物理」の典型は「入試のための物理」でしょう。

なにも物理に限ったことではないのですが、「入試のための物理」に要求される最も重要なことは、事項や公式を理屈抜きに暗記し、「問題」の「答」（それは必ず存在します！）を機械的に、そしてなるべく短時間に見つけることです。

しかし、これは、物理を含む自然科学を学ぶ、そして、究極的には楽しむ上で「最も不要なこと」であるばかりでなく、「最も避けなければならない態度」なのです。自然科学を学ぶ第一歩は〝自然に接すること〟ですが、その時、最も重要なことは、理屈抜きに感動すること、そして「なぜだろう？」と不思議に思うことで、事項や公式の暗記などとはまったく無縁のことなのです。

そして、自然科学の楽しみは、「理屈を考えること」にあります。人間の知識と比べれば、自然は極めて雄大、不可思議であり、「答が機械的に見つかる」ことなどめったにないのです。

身近な物理

日常生活に密接に関係する「身近な物理」「面白い物理」は少なくありません。

しかし、普段、私たちは、それにほとんど気づかないのです。

私の一日の生活は朝早くからはじまります。

毎朝、大学の居室の安楽椅子《いす》に腰をおろし、緑茶を飲み、クラシック音楽をステレオで聴きながら、新聞を読み、そして瞑想《めいそう》にふけり、およそ一時間をすごします。

冬の日などは、まだ真っ暗で、満天の星です。あたりが明るくなるにつれて、周囲の景色、木々、茶畑、花、遠くの山の稜線《りょうせん》、建物などなどがはっきりと目に映るようになります。往来する車や人の数も徐々に増えて来ます。太陽の光が差し込み、朝焼けの空が次第に青みがかり、やがて青空が一面に拡がります。青空に浮かぶ白い雲は美しいアクセントです。周囲の明るさが増すにつれて、さまざまな音が耳に入って来ます。鳥のさえずり、(そのさえずり方がさまざまなことから、このあたりにはさまざまな鳥がいることがわかります)、犬の鳴き声、風に揺れる木々の葉の音、自動車のエンジンの音、人の声、などなど。

衛星放送のテレビのスイッチを入れれば、世界の出来事を目の当りにすることができます。やがて、机の上の電話が鳴り、電子メールの着信が知らされ、ファックスでメモが届くようになると、その日の仕事が本格的に始まるのです。

周囲が夕焼けに染まる頃、私は大学での一日の仕事を終えて、家路につきます。

いま述べました私の一日の生活の一面はいずれも、物理の一分野である「振動」と「波」に関する基本、そしてそれを応用したものです。この「振動」と「波」は私たちにとって極めて身近な現象であり、通信技術などさまざまな〝文明の利器〟に直接関係するものです。また、「振動」と「波」は現代においてばかりでなく、有史以来、人類にとって身近であり続けているのです。しかし、人類が「振動」と「波」について完全に理解しているわけではありません。まだまだわからないこともあるのです。特に「光」は私にとって、わからないことだらけの不思議なモノです。

このほかにも、私たちの身の回りには、身近なことでも「よく考えてみれば不思議なこと」はたくさんあります。

たとえば、雨上がりの後にしばしば見られる虹はどのようにしてできるのでしょうか。

私たちは、多分、小学校の理科の時間に、太陽光が三角形のガラスのプリズムを通ると、きれいな〝虹〟の色に分かれることを見ていますが、その〝虹〟は本物の虹のように半円形ではありません。この違いは何によるのでしょうか。

また、私たちの誰もが、地球が太陽の周囲を公転していることを知っていますが、その速さを知っていますか。

なんと、秒速三〇キロメートルです。時速ではなく秒速ですよ。時速に直したら、およそ一一万キロメートルです。新幹線「のぞみ」の時速がおよそ三〇〇キロメートルですから、地球が公転する速さは驚異的です。私たちは、時速一一万キロメートルで突っ走る地面の上に乗っているのですよ。宇宙から眺めたら、そのことがはっきりします。どうして私たちは振り飛ばされないのでしょうか。考えてみれば、とても不思議なことではありませんか。

このほかにも、私たちの身の回りには「よく考えてみれば不思議なこと」はたくさんあります。

物理をはじめとする自然科学において、最も大切なこと、そして、最も楽しいことは「不思議だなあ」と思うこと、そして「なぜだろう?」と考えることです。

交通信号「止まれ」はなぜ赤か

あなたは、交通信号の「止まれ」の色はなぜ赤なのか、ということを考えたことがありますか? 生まれた時からずっと、交通信号の「止まれ」の色は赤に決まっており、あまりにも「あたりまえのこと」ですので、「なぜ赤か」などと考えたことがない人がほとんどでしょう。あえて、「なぜ?」と問われれば、「う~ん、赤は血の色で、人はそれを見るとびっくりするからかなあ」などと答えるかも知れませんね。

世界にはさまざまな国があり、それらの国の文化や習慣もさまざまです。まったく同じ動作であっても、国によってはその動作の意味がまったく逆になってしまうことが少なくありません。たとえば、日本人は、手の内側を相手に向けて前後に動かして「こっちへおいで」をしますが、アメリカ人にとって、このジェスチャーは「あっちへ行け」

を意味します。ですから、輸出用の「招き猫」をつくる時は注意が必要です。

このように、世界は広くさまざまであり、日本の〝常識〟がそのまま世界に通じると思ってはいけないのです。

その広くてさまざまな世界にあって、交通信号の〝青（緑）〟は「進め」、〝橙〟は「注意」、〝赤〟は「止まれ」であることは世界共通なのです。みなさんは「そんなのあたりまえじゃあないの」と思うかも知れません。しかし、たとえば、闘牛士がムレータと呼ばれる赤い布をヒラヒラ揺すり、それを見て興奮した牛との決死的闘いを楽しむ闘牛を国技としているスペインでは〝赤〟が「進め」でもおかしくないはずです。交通信号の「きまり」はみんなで同意すれば、どんなものでもいいのですから。また、赤旗を掲げ「いざ進め！」と勢いよく行進する中国や北朝鮮やキューバのような国でも、「進め」は〝赤〟が似合いそうに思えます。

しかし、それらの国を含め、世界中どこの国でも、やはり、〝交通信号〟の〝赤〟は「止まれ」で、〝青〟が「進め」なのです。

このような事実は、〝赤〟は「止まれ」〝青〟は「進め」というのは文化的、社会的あるいは主義・主張によって決められたものではなく、そこには何か物理的な理由が隠されていると考えなければなりません！（ちょっと大袈裟すぎますか）

じつは、晴れた日の昼間青い空が、夕方になると真っ赤な夕焼けになるのと、交通信号の〝赤〟が「止まれ」なのには、共通の物理的な理由があるのです！

なぜ夕焼けは赤いのか？

赤信号の謎《なぞ》を解き明かす前に、まず、晴れた日の昼間青い空が夕方になるとなぜ赤くなるのかについて、簡単に説明しましょう。

誰でも、学校でプリズムの実験をしたことがあるでしょう。太陽光（白色光）が、プリズムを通過すると虹色の帯（スペクトル）となって現れるのでしたね。振れ角の小さい順に、赤、橙《だいだい》、黄、緑、……紫という可視光が並びます（次頁図3）。

いま「白色光」と書きましたが、太陽光は、さまざまな電磁波や、赤から紫までの可

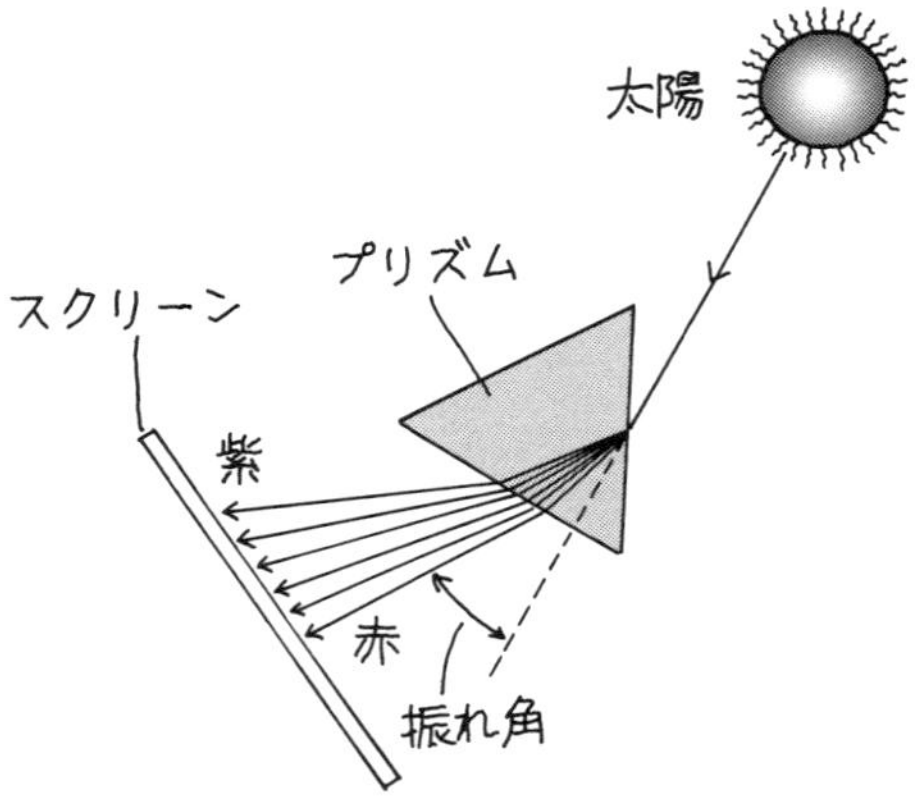

図３　虹色の帯

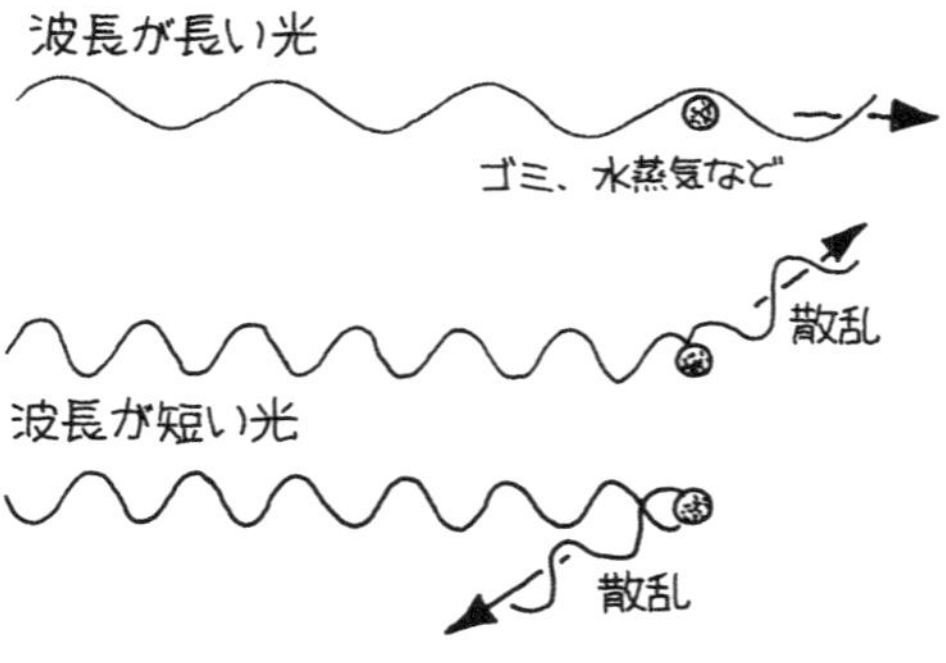

図４　光の散乱の波長依存性

視光線からなる光の束です。無数の色が合わさった太陽光自体は色をもちませんので、「白色光」と呼ばれます（本来なら無色光と呼ばれるべきなのでしょうが）。

さて、可視光線も電磁波の一種なので、波長があります。赤から紫までの可視光線は、赤から紫まで順に波長が短くなります。そして、電磁波には、波長が短くなればなるほど、振れ角が大きく（図3）、空中に存在するゴミや水蒸気などに散乱されやすい（進路を邪魔されやすい）（図4）という性質があります。なぜそうなるかは、ここで説明していると長くなりすぎますから割愛します。とりあえずいまは、「そういう性質がある」ということだけ知っておいてください。

その上で次頁の図5を見てください。

私たちは地球上の、A地点に立っています。太陽光は、大気層を通過してA地点に到達します。太陽と地球との距離は、昼でも夜でも基本的に同じと考えてよいですが、通過する大気層の距離（厚さ）が大きく異なることがわかるでしょう。

さて、先ほども述べましたように、太陽光は波長の短い紫から波長の長い赤までの可

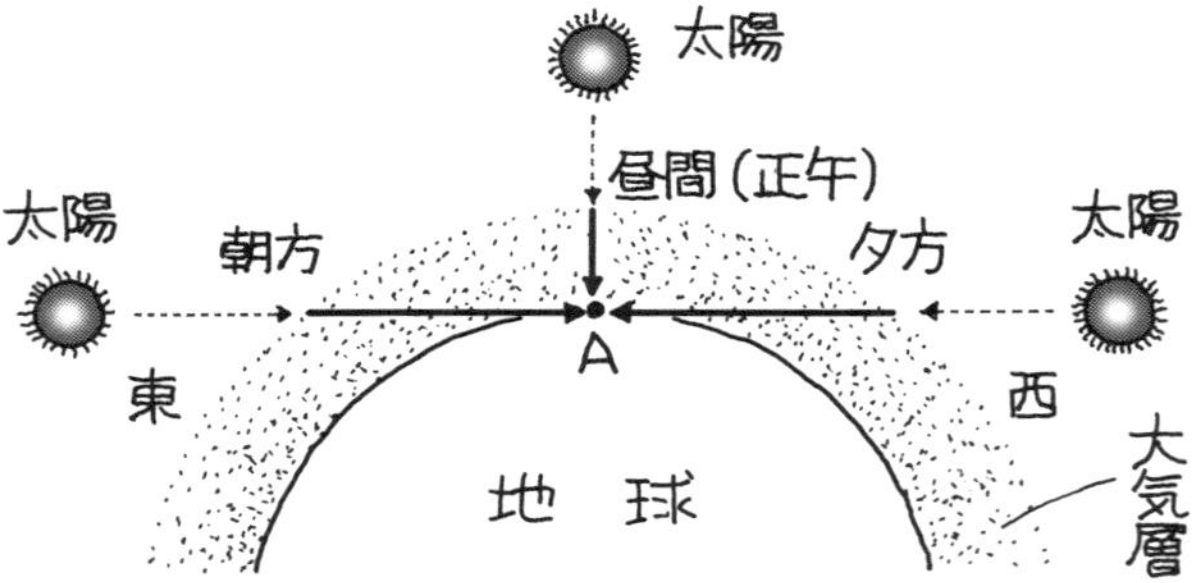

図5　昼間と、朝方・夕方の太陽の光

視光などでできている〝光の束〟です。太陽光はA地点に到達するまでに、大気層に存在する物質（空気や水蒸気やゴミ）に吸収されたり散乱されたり、つまり邪魔されてその量を減らしていきます。波長の長い赤寄りの光は大気層の物質に邪魔される度合いが低いために届きやすいのですが、波長の短い紫寄りの光は逆に届きにくいのです。

なぜ夕焼けが赤いのかの理由はもうおわかりですね。太陽光が長い距離の大気層を通過してくる朝方や夕方は、波長の短い紫寄りの光の多くがA地点に届くまでに失われ、A地点に届く可視光のほとんどが赤寄りの光になってしまうのです。逆に、大気層を通過する距離の短い昼間はすべての波長の可視光が降り注ぎますが、散乱の度合いの高い青い光が空一面に拡がり、空は青く染められるというわけです。

ここまでくれば赤信号の謎も察しがついたと思います。

交通信号機は、ふつう屋外に設置されていますから、雨の日でも雪の日でも、埃の多い日でも、確実に歩行者やドライバーにメッセージを伝えなくてはなりません。そして、信号機が発する、赤「止まれ」、黄（橙）「注意」、青（緑）「進め」の中でも、いちばん見逃してはならない重要なメッセージは何でしょうか。当然、「止まれ」ですね。車や歩行者のすべてが止まれば事故は起りません。「止まれ」がハッキリと判別できなければ、場合によっては生命にかかわりますから。すると当然、雨滴や雪や埃などの〝粒子〟に最も散乱（邪魔）されにくく、遠くまで届きやすい〝赤〟が、「止まれ」の信号に採用されることになるのです。

誰でも物理が好きになれる

いま述べました交通信号の〝赤〟と夕焼けの話はほんの一例で、私たちの身の回りには〝身近な物理〟がたくさんあるのです。そうした身近な事例を物理的に考えてみることによって、誰でも物理が好きになる、誰でも物理が好きになれる、誰でも物理に興味をもてる、誰でも物理が面白くなる、と私は確信しています。そして、物理がちょっとでもわかるようになると、日常生活、さらには人生がとても楽しく豊かになる、ということを「理系の人」、「文系の人」を問わず知っていただきたい、と心から思うのです。

次に、私が毎年、「物理学入門」の最後の授業の時、受講生に書いてもらっている「感想」の中から代表的な〝生《なま》の声〟のいくつかを掲げます。いま、物理に不安、不満を持っているみなさんは大いに勇気づけられると思います。

物理といえば公式ばっかりで、それを暗記して問題を解く繰り返しでつまらない授業だと思っていた。でも、先生の物理は全然違っていた。日常生活での不思議なことから徐々に入って行く物理はいままで僕の中にあった面白くない物理のイメージをぶちこわしてくれた。
授業の中で最も心に残っているのは「結晶」。何といっても"石コロ"から人生訓まで教えられてしまったのだから。

（学生A）

物理学と聞き　はじめはとても難しい公式ばかり暗記させられると思った。しかし、高校の物理とは違っていた。試験のために学ぶのではなく、自分のために学ぶ物理だったので興味があったり、少し驚いたものもあった。いままで、どれだけ自分が身近な物理に触れていなかったか、ということを知らされた。

（学生B）

高校時代に、物理が全然わからないという友人をたくさん見ていたので、大学に入って物理があることを知り、とても不安だった。でも、身近な物事に科学的理由があることがわかり、物理は面白いと思うようになった。また、結晶や宝石から人生に関わるようなことまで学べるなんて思ってもみなかったので驚いた。もっともっと日常生活の中にある物事の理屈・しくみを知りたくなった。

（学生C）

大学に入るまで物理を学んだことがなかったけど、物理は難しいというイメージを持っていた。だけど、交通信号「止まれ」は赤、という当たり前だと思っていたことの理屈を考えるのはすごく楽しかった。そのほか身のまわりにも「なんでだろう？」と思うことがたくさんあって、それを考えるのが楽しかった。いままでは理屈抜きに暗記することが多かったが、理屈を考えればいろいろなことが楽しくなると思った。

（学生D）

第3章　ものの見え方と見方

ものが〝見える〟ということ

人間は五感（視覚・聴覚・嗅覚《きゅうかく》・味覚・触覚）を通してものを認識し、情報を収集するのですが、情報収集の七割以上は視覚を通して行なわれるというデータがあるくらい、五感の中でも特に重要なのは視覚です。私たちにとって〝見えるもの〟は絶対的ですらあります。だから「百聞は一見にしかず」（Seeing is believing.）といわれるのです。

ところで、私たちにとって〝ものが見える〟ということは、観念的にではなく、科学的にどういうことなのでしょうか。

あまりにもあたりまえのことですので、ほとんどの人は深く考えたことがないでしょう。たまには、このような〝あたりまえのこと〟を深く考えてみるのもよいことです。

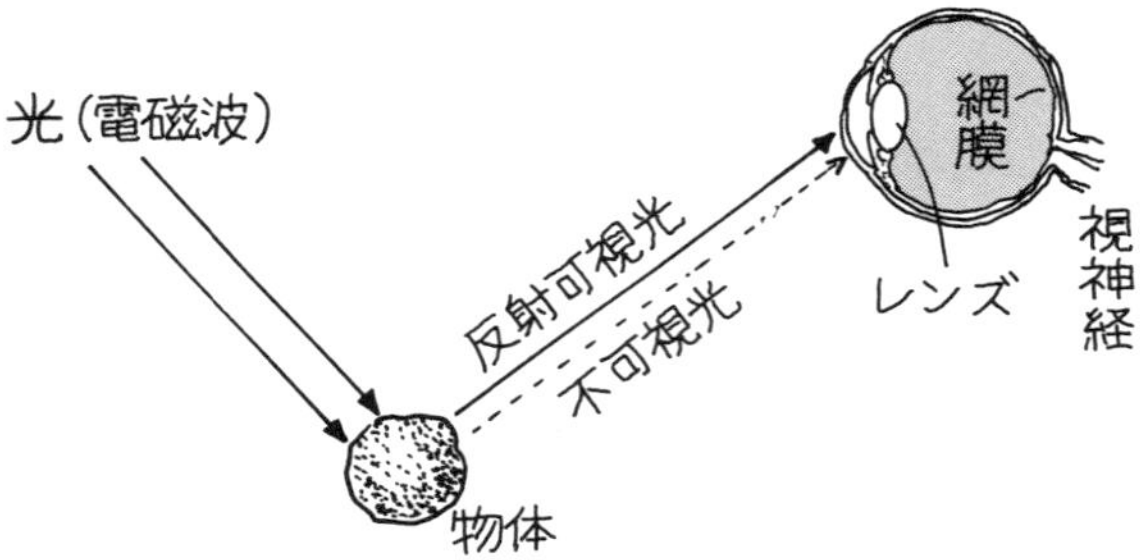

図6　ものが〝見える〟メカニズム

何でもいいですから、目の前にある物体、たとえば時計を見てください。

あなたの目に、時計が見えます。

物体に光（より包括的にいえば〝電磁波〟）があたりますと、その一部は物体に吸収され、一部は透過し、そして一部は反射します。物体から反射された光のうち、〝可視光〟と呼ばれる私たちに見える光（いわゆる〝虹の七色〟の赤色から紫色の光）だけが私たちの網膜の感覚細胞、視神経を刺激し、その刺激を大脳が認識することで、物体が〝見える〟のです（図6）。

物体には可視光以外の光（電磁波）もあた

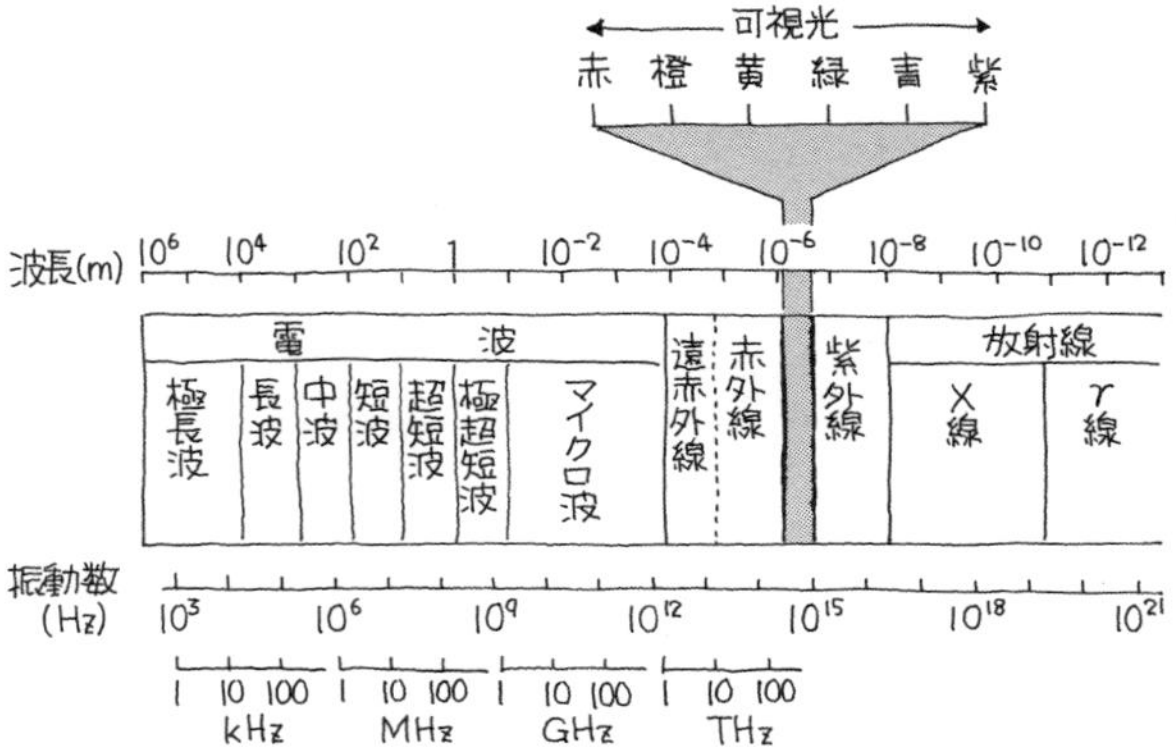

図7　さまざまな電磁波

っていますし、反射もされているのですが、可視光以外の光は私たちの網膜の感覚細胞、視神経を刺激しませんので〝見えない〟のです。この可視光の範囲は、私たちの身の回りに飛び交っている全電磁波の中では非常に狭い範囲です（図7）。

　つまり、観念的な意味ではなくて、純粋に物理的・科学的な見地からいって、私たちに〝見える〟世界は、全宇宙の中の、ほんの一部にすぎないということなのです。私たちの周囲には、私たちには〝見えない〟世界がたくさんある、ということなのです。

　また、私たちに〝見えるはず〟の世界の中

であっても、実際に〝見える〟世界はさらに狭まります。

たとえば、私たちの肉眼にはどれだけ小さなものまで見えるでしょうか。

私は強度の乱視の上に強度の近視ですので、いずれにせよメガネのお世話になっての話ですが、認識できるのはせいぜい一〇〇分の一ミリメートルくらいでしょう。特殊技能を持つ名人級の職人であれば、もっと小さなものまで見えるでしょうが、いずれにせよ、人間の肉眼で見えるものの大きさはたかが知れています。

同様に、私たちに見える遠くのものにも限界があります。

人間は顕微鏡や望遠鏡という道具で、このような限界を拡げて来たわけですが、いずれにせよ、私たちの主な情報収集手段、認識手段として頼りにする視覚ではありますが、どのように頑張っても、私たちに〝見える〟のは、この宇宙の中のほんの一部の世界にすぎない、ということなのです。〝見える〟ということを過信してはいけません。

いま述べましたのは、〝視覚〟のことですが、ほかの〝四感〟についてもまったく同じことがいえます。

つまり、私たちが五感を通して認識できるのは、この宇宙の中のほんの一部の世界にすぎない、ということです。

可視光の範囲は偶然か？

私たちの身の回りに飛び交っている全電磁波（図7）の中で、どうして私たちには非常に狭い範囲〝虹の七色〟の赤色から紫色の光しか見えないのでしょうか。また、全電磁波の中で、その〝狭い範囲〟というのは偶然の〝範囲〟なのでしょうか。

じつは、一般に、この種の質問に答えるのは困難です。「人間はどうして人間なのか」と問われても「人間だから人間なのだ」と答えるほかないように思えます。同様に、人間やサルの手の指はなぜ五本なのかと問われても「結果的に五本になったから」としか答えようがないでしょう。なぜ四本ではないのか、あるいは六本ではないのでしょうか。私には、手の指が五本でなければならない絶対的な理由を見出すことができません。

私たちにとっていちばん便利で馴染みがある十進法は、明らかに、両手の指の数が一〇本であることと関係していますが、もし、私たちの両手の指の数が一二本だったら、私たちにとって一番便利で馴染みがあるのは十二進法になったでしょう。

しかし、人間の可視光の〝範囲〟については、偶然ではない必然的な理由がありそうです。

人間に限らず、地球上の生物はすべて、地球に届く太陽光の恩恵にあずかっています。どんな生物でも太陽光の恩恵なしには生きて行けないのです。地球に届く太陽光にはさまざまな波長の光（電磁波）が混じっているのですが、そのさまざまな波長の光（電磁波）の強さ（光度）は一様ではありません。ちょうど、人間の可視光である赤色から紫色の光のほぼ中間にある緑色の光付近にピーク（最強）がある分布をしているのです。

つまり、〝可視光〟は、地表に届く太陽光のうち、光度が最も大きい波長領域にある光なのです。人間の可視光の領域と光度分布とは〝偶然の一致〟ではありません。

地球上の生命体は、およそ四〇億年前に発生したといわれます。以来、すべての生物は太陽光に依存して生存を続けているのです。つまり、太陽から届くさまざまな電磁波のうち、強い、つまり明るい光が見える生物だけが生存競争に耐えたのであろうことは容易に想像できるでしょう。たとえば、「オレは〝可視光〟からずっと外れた光が見えるんだぞ」といばっている生物がいたとしても、その光は弱いので、その生物の視界は暗いのです。つまり、一般的な可視光、つまり強い光の領域から外れた領域を〝可視光〟とする、その生物の視界だけが暗いわけですから、その生物は生存競争には圧倒的に不利です。その当時、〝超能力生物〟としてもてはやされることはあっても、長い生存競争の歴史の中では滅亡せざるを得ないのです。

したがって、「人間にはどうして〝可視光〟しか見えないのか」という質問に対する正しい答は「太陽から届く強い光が見える生物、また強い光が見えるようになった生物の一種が人間だった。その〝強い光〟の一群が今日〝可視光〟と呼ばれているものである。」となるでしょう。

背後霊？

いま述べましたような事情によって、人間の〝可視光〟はそうなるべくしてそうなったのです。地球上の他の生物にとっても事情は同じですから、他の生物の〝可視光〟も似たようなものです。しかし、人間の生活習慣、環境との違いから、若干異なる〝可視光域〟を持っている生物もいます。

たとえば、ハチやチョウなどの昆虫は、人間の目には見えない紫外光（紫外線）が見えるようです。そのため、人間の目には一面同じ色に見える花びらでも、紫外光が見えるハチやチョウなどにとっては一様ではなく、花芯（花筒の奥）が濃いコントラストに見えるのです。これは、花芯には紫外光を吸収する蜜が豊富にあるということなのです。つまり、ハチやチョウは蜜のありかを容易に見つけることができるということです。ハチやチョウにとって、蜜のありかを容易に見つける能力は死活に関わる問題ですから、長い生存競争の歴史の中で彼らの〝可視光〟は、紫外光を含むようになったわけです。

ところで、時折、「あなたには背後霊がとりついているのが見える」というようなことをいって人を脅かす「超能力者」が登場します。もちろん、この「背後霊」というのはインチキでしょうが、たとえば、特別の生活環境で暮らした先祖を持ったために、一般的な〝可視光〟域から、チョウやハチとは逆の赤外光（赤外線）の方にずれて、赤外線が見える「超能力者」がいたとしますと、図8のように「背後霊」のようなボヤ〜とした像が実際に見える可能性があります。

図8　背後霊？

しかし、残念ながら、それは「背後霊」というような「高級」なものではありません。

これは、その人物の体表から発散されている熱線、つまり赤外線がつくる像なのです。

その「超能力者」には、一般的な〝可視光〟域外の赤外線が見えたのです。その場合、人を象《かたど》ったような像が見えるのですが、それを「背後霊」だというのは間違いであり、それを知りつつ「背後霊」だというのはインチキです。

「超能力者」以外の普通の人間には赤外線は見えないのですが、赤外線を感知するセンサーは一般家庭のアラームや自動スイッチ、リモコン、あるいはジェット機追撃ミサイルなどの兵器に多用されています。また〝赤外線カメラ〟は、可視光をカットし、赤外線のみを発射する赤外線フラッシュや赤外線感光フィルム（センサー）を用いるものです。

　これを使えば、人間の目には何も見えない真っ暗闇の中でも、はっきりと赤外線像を得ることができます。暗闇での夜行性動物の生態観察や夜の公園での×××の観察などに威力を発揮します。

　ところで、冬になると、いかにも暖かそうな赤々としたランプがついた「赤外線コタツ」や「赤外線ストーブ」が活躍しますが、あの〝赤々とした光〟は赤外線ではなく

〝赤線〟です。赤外線は普通の人には見えないのです。発熱体からは必ず赤外線（熱線）が発せられるのですから、なぜわざわざ「赤外線コタツ」のように〝赤外線〟をつけるのか、私にはよくわかりません。〝赤外線〟をつけるとなんとなくありがたそうに感じられるからでしょうか。

肌を焼く〝天然〟あるいは〝人工〟の紫外線や、レントゲン撮影に使われるX線（図7）が私たちの目に見えないのは、それらが〝可視光〟域の紫の光の外にあるからです。

植物の葉はなぜ緑色か

私は、雨の日以外の昼休みの時間、茶畑が大海原《おおうなばら》の波のように連なる近隣の丘を一時間ほど散歩するのを習慣にしているのですが、一年中で一番気持ちがいいのは、なんといっても新茶の季節です。新茶の葉の若々しい緑色には身も心も清々《すがすが》しい気持ちにさせられます。普段、〝田舎〟で暮らしている私が、たまに都会に出るとひどく疲労感を覚えるのは、都会の喧噪《けんそう》のせいばかりではなく、都会には〝緑〟が少ないせいでもあろうと思います。

私たちが、草木の緑色に目や心が癒《いや》され、安堵感を覚えるのは事実でしょう。緑色は、まさに〝癒しの色〟です。

たとえば、庭の草木や山の樹木が緑色ではなく、赤やピンクやオレンジ色だったらどうでしょうか。少なくとも私は、〝自然浴〟をしたり、自然の中を歩き回ったりする気を起こしません。

もちろん、葉の成長の全期間を通して紅色を呈するベゴニア、アカジソ、ケイトウなどもありますが、これらのほとんどは正常な緑色種からの変種であり、例外的な存在です。基本的に、植物の葉の色は緑色なのです。そのことを、じつにありがたい、と私はいつも〝自然〟に感謝しているのです。

ところで、植物の葉はなぜ緑色なのでしょうか。よく考えてみますと、私にはそれが不思議で仕方ないのです。大半の人は、あるいは学校の先生は「植物の葉が緑色なのは、葉が含む葉緑素のためである」と答えるかも知れません。その答は、少なくとも学校の試験用の答としては「正解」でしょう。

しかし、事実は、葉の中には緑色の物質が多く含まれており、その緑色の物質を〝葉緑素〟と呼んだのであり、葉が緑色なのは葉緑素のためではありません。葉の緑色の素になっている物質を葉緑素と呼んだのです。このようなことを書きますと、禅問答のように思われるかも知れませんが、私が不思議に思う真意は、〝葉緑素〟という名称はさておき、地球上のすべての生命を支える植物の光合成を行なう物質の色が、なぜ緑色なのか、ということなのです。

私がなぜ葉の緑色にこだわり、葉が緑色であることを不思議に思うのかを理解していただくのは容易ではないかも知れません。

先ほど述べました、私たちに物が〝見える〟仕組みを思い出していただかなければなりませんし、そもそも〝色〟とは何かを知っていただかなければなりません。さらに、植物の光合成とは何なのか、そして、地球に届く太陽光のエネルギーについて知っていただく必要もあります。しかし、いま、ここで、これらのことを十分に説明する紙幅がありませんので、エッセンスを簡単に述べることにします。

まず、私たちが見る物体の〝色〟というのは、その物体が反射あるいは透過させている、つまり「いらない」といって捨てている（利用しない）光の色であることを知ってください。私の疑問を手短にいいますと、葉が行なう光合成には光のエネルギーが必要であり、地球に届く「七色」の太陽光の中で緑色の光が一番強いにもかかわらず、葉が緑色ということは、一番強い緑色の光をいらない、と捨てていることなのです。普通に考えれば、葉は太陽光のエネルギーを使って、自分自身の生命維持に必要な光合成をするのですから、最も強い緑色の光を利用（吸収）すればよさそうなものです。緑色の光を利用した方が「効率的」なはずです。しかし、その場合、緑色の光を吸収するのですから、葉の色は緑色にはなりません。

もちろん、植物の葉の色が緑色なのは、私たち人間には遠く及ばない遠謀深慮《えんぼうしんりょ》の植物の智慧の結果であり、それはまた絶妙な話なのですが、私は、これ以上、理屈っぽいことを書くのを控えます。新緑の季節、みなさんに、私と一緒に、緑色に癒され、植物の葉の色を緑色にしてくれている〝自然〟に感謝していただければ幸いです。

タイム・マシンは可能か

多分、誰でも、過去や未来の世界に行けたらいいなあ、と思ったことがあるでしょう。私は、未来の世界に行きたいとは思いませんが、歴史が好きですので、過去の世界に行けたらいいなあ、といつも思っています。歴史上の事象を自分の目で見てみたいし、歴史上の人物に直接尋ねたいことがたくさんあるからです。

時間の流れを越えて、過去や未来に旅行（タイム・トラベル）するための便利な機械がタイム・マシンです。

もちろん、これは架空の機械で、SF小説の元祖といわれるイギリスのH・G・ウェルズが一八九五年に書いた小説に登場するものです。

タイム・マシンはSF小説の中の話ですが、私たちが未来や過去を〝見る〟ことは可能でしょうか。

じつは可能なのです！

残念ながら、未来を〝見る〟ことは不可能なのですが、過去を〝見る〟ことは、別に「超能力者」である必要もなく、いま、この本を読んでいるあなたにも簡単にできるのです！

私たちが物を見るのは光を通してです（図6）。光がなければ物が見えません。

この光は飛び抜けた速さで真空中をも伝わる摩訶不思議《まかふしぎ》なモノです。実際、この宇宙に光より速く伝わるものはないのです。

どのくらいかといいますと、一秒間に三〇万キロメートル進む速さです。

先ほど、地球が公転する速さが秒速三〇キロメートル（新幹線「のぞみ」は秒速〇・〇八キロメートル）で〝驚異的〟と書いたのですが、光の速さ（光速）は〝驚異的〟どころか、まさに桁外れです（表1）。時速に直したら、約一一億キロメートルです。とても想像できる速さではありません。

広大無辺の宇宙を考える時は、この光速を規準とした〝光年〟という長さの単位が使

光	300,000
地球の公転	30
アポロ宇宙船	11
超音速飛行機	0.78（マッハ2.3）
新幹線「のぞみ」	0.08（時速300km）
投手の最速球	0.04（時速155km）
最速人間	0.01（100m 9.8秒）

表1　速さの比較

われます。つまり、光が真空中を一年間に進む距離が〝一光年〟です。これは、一秒間に三〇万キロメートル進む光が一年間に進む距離ですから、想像を絶する膨大な距離で、およそ一〇兆キロメートルになります。

たとえば、多分、私たちに一番馴染みが深いアンドロメダ星雲は地球から二三〇万光年のかなたにあるといわれています。

つまり、いま、地球上の私たちにアンドロメダ星雲が見えたとしますと、それは、二三〇万年前にアンドロメダ星雲を出発して、いま地球に到達した光を通してのことですから、そのアンドロメダ星雲は二三〇万年前の姿ということになります。したがって、いまも、アンドロメダ星雲が存在しているという保証はないのです。アンドロメダ星雲のいまの様子は二三〇万年後になってみなければわかりません。

最近、百数十億光年かなたの宇宙の様子を映し出すハッブル望遠鏡の像が新聞などに掲載されることがしばしばありますが、そこに映し出されるのは百数十億年前の過去の宇宙の姿ということになります。地球が誕生した四六億年前、地球に生命が誕生した四〇億年前よりはるか大昔の過去を、いま私たちは見ているのです。なんと気が遠くなるような話ではありませんか。なんとロマンチックな話ではありませんか。

また、太陽と地球との距離は約一億五〇〇〇万キロメートルですので、太陽を発した光が地球に届くまで、およそ八分二〇秒かかります。つまり、いつも私たちが地上から見る太陽は八分二〇秒前の過去の姿です。同様に計算してみますと、私たちが地上でする〝月見〟の月はおよそ一・三秒前の過去の姿です。

このように、いま、あなたが見ているすべての物や人の姿も、厳密にいえば〝いま〟のものではなく、まさに、ほんのほんのチョットですが、〝過去〟のものなのです。

つまり、私たちは、原理的に、〝未来〟はもとより〝現在〟を見ることは不可能なのです。私たちに見えるのはすべて〝過去〟のみです。〝過去〟を見るのに、わざわざタイム・マシンを手に入れる必要はありません。

肝心なことは目に見えない

普通、私たちは、目に〝見える〟ものは絶対的だと思います。何といっても、実際に目に〝見えている〟のですから、それは動かしようがない「事実」だと思うのは当然です。

したがって、私たちが視覚に頼る(Seeing is believing)のは仕方がないのですが、そこに大きな落とし穴があるのです。すでに何度も述べましたように、私たちの視覚には、そして、ほかの「四感」にも、明確な限界があるのです。

私も愛読者の一人ですが、サン゠テグジュペリの世界的なベストセラーに『星の王子さま』という〝おとなのための童話〟があります。「おとなの人は、むかし、いちどは子どもだったのだから、わたしは、その子どもに、この本を捧げたいと思う。おとなは、だれも、はじめは子どもだった（しかし、そのことを忘れずにいるおとなは、いくらもいない）。」という「まえがき」から私はサン＝テグジュペリに引き込まれてしまいます。この本の中で、王子さまと仲よしになったキツネが、王子さまへ「心で見なくちゃ、ものごとはよく見えないってことさ。かんじんなことは、目に見えないんだよ。」という言葉を贈ります。私は、この場面を読んだ時、このキツネはなんて賢いんだろうと思いました。

古代ギリシャは数々の哲人、賢人を輩出しましたが、中でも傑出しているのが「原子論」で有名なデモクリトスです。

デモクリトスは、視覚でとらえられるものは有力な情報だけに過信しがちであり、思考の妨げになる、といって、自分で自分の目をつぶしてしまったそうです。また、古代ローマの哲学者・セネカも、「私は、人間の評価に肉眼の目を信じない、私が持っているのはもっと立派な、もっと確実な眼光であり、私は、その眼光によって本物と偽物を見分けることができる」というようなことをいっています。さらに、日本の能にも「ものは胸で見ろ、目で見るな」という教えがあります。

目に〝見える〟ようなものはたいしたものではないのです。肝心なものは目に見えないのです。

五感で〝みえる〟ものは、基本的に誰にでも見えるものです。誰にでも簡単にはみえないものを〝みる〟かどうか、〝みえる〟かどうか、が創造的人生の分かれ目です。

五感でみえないものを〝みる〟にはどうしたらよいのでしょうか。

五感でみえないものを〝みる〟のが、第六感あるいは〝心の眼〟です。いい方を変えますと、ものの本質は〝心の眼〟でなければみえないのです。

ところが、困ったことに、そのような〝心の眼〟は簡単に得られるようなものではないのです。もちろん、お金で買えるようなものでもありません。自分自身でつくり上げて行くほかはありません。結局、そのような〝心の眼〟を自分自身でつくり上げて行く過程が、さまざまなものを学ぶということです。考えながら学ぶ、ということです。究極的には〝考える智慧〟を身につけることです。

ものの見え方、考え方は相対的

私は小さい頃から動物園が大好きで（本当のことをいえば、私が好きなのは動物ですので、動物たちが「動物園」という「檻」の中に入れられているのを見るのは辛いのです）、日本でも外国へ行った時でも、そして〝おとな〟になったいまでも、折に触れて動物園へ出かけるのですが、そのたびに、この地球上にはじつにさまざまな生きものがいるものだなあ、と感心します。同時に、近年の地球環境悪化によって、年間五〇〇〇種もの生きものが絶滅の危機に瀕している、というような話を聞きますと心が痛みます。

動物の大きさ、形、色、動きなどはじつにさまざまです。キリンやゾウのそばに行けば、その見上げるほどの大きさに驚き、アリを見れば、その小ささと俊敏な動き、その高度に統制された〝社会性〟にも感心します。

動物園をひと回りして感じるのは、ヒトというのは地球上の生きものの中で相当大きな部類に属するのではないか、ということです。動物園へ行くと、どうしても大きな動物の方に目が向いてしまいますので、私は、ヒトは小さい生きもの、という印象を持っていたのです。正確なことは生物の分類学者に聞いてみないとわからないのですが、直感でいえば、ヒトは大きい方から確実に一パーセント以内に入っているように思われます。

しかし、グランドキャニオンやヨーロッパ・アルプスの山々を目の前にした時、ハワイ島のマウナケア山頂で満天の星を見上げた時、そして、タクラマカン砂漠の中に立った時、私は自然の雄大さと同時に人間の小ささを痛感したのです。

また、船で、三六〇度見渡す限り大洋の真っただ中に出た時、私は地球の大きさに驚いたのです。

しかし、日常的な実感からすれば広大に思える地球も、一三〇億光年の宇宙空間を尺度とすれば、極微小な一点にすぎないのです。

真言宗の開祖・空海はものの大きさや量が相対的であることを「ガンジス河の砂粒の数も、宇宙の広がりを考えれば多いとはいえず、また全自然の視野から見れば、微細な塵芥《じんかい》も決して小さいとはいえない」というたとえで述べています。また、空海は「激しく降る雨は水流のように見えるが、本当は一粒ずつの水滴の集まりである」とも述べています。私たちは水を使う時、あるいは飲む時、それを構成する水滴や、さらにその水滴を構成する水分子や酸素原子、水素原子のことを意識することはないのですが、いずれも視点を変えた場合の〝姿〟です。

誰《だれ》でも小さい頃から、東から出る時の太陽や西に没する時の太陽は、真昼の太陽よりも明らかに大きいということを実感しているでしょう。

物理的に細かいことをいえば、太陽光の屈折の関係で〝見える〟太陽の大きさは若干異なるのですが、それは人間の視力を考えれば誤差の範囲内ですので、〝大きく見える太陽〟は基本的には錯覚で、地球から見る太陽の大きさはいつも同じです。

それではなぜ、私たちの視覚はそのような錯覚をするのでしょうか。

簡単にいえば、相対的な比較の問題なのです。

真昼、天空を背景にする太陽には大きさを比較するものがありません。たとえ太陽がどれだけ大きなものであったとしても、無限の広さを持つ天空と比べたら小さなものなのです。

ところが、たとえば日没の時、太陽の周囲には樹木や家や山など、太陽の大きさを感じさせてくれる〝規準〟があります。地平線や水平線に没する時でさえ、地平線あるいは水平線という〝規準〟があるのです。その〝規準〟の大きさのお蔭で、天空にある時は小さく見える太陽が、日没時には巨大にみえるのです。これは錯覚なのです。

つまり、人間の認識はあくまでも相対的であり、相対的な規準を尺度としたのでは、真の自然、世界を見きわめることはできない、ということです。

このような〝錯覚〟は私たちが人物や作品など、どんなものを見る場合にも陥《おちい》りやすいものです。ものや人物を正しく認識し評価するために、「背景」や「相対的な尺度」や「肩書き」などに惑わされることがないようにしたいものです。

〝お化け煙突〟の教訓

昔、東京の北千住の空に東京火力発電所の〝お化け煙突〟（写真1）と呼ばれる煙突がそびえていました。それは見る場所によって、一本にも、二本にも、三本にも、四本にも見える煙突でした。だから〝お化け煙突〟と呼ばれたのです。

東京・駒込生まれの私は、小さい頃、車窓から眺めていると、見る場所によって数が変わって行くこの煙突が不思議で仕方ありませんでした。私にとってはまさしく〝お化け煙突〟だったのです。

写真１　千住火力発電所の通称〝お化け煙突〟
（写真提供／東京電力・電気の史料館）

親に、なぜそのように見えるのかを尋ねても、答は「お化け煙突だからさ」でした。私が自分で、円筒形の積み木を並べてみて、その秘密を見つけるまでしばらくの時間がかかりました。実際に〝お化け煙突〟を車窓から眺めていて、一本に見える時だけ煙突が太くなるのが大きなヒントでした。

思いつけば、〝お化け煙突〟の〝秘密〟は簡単でした。

四本の煙突が扁平な菱形の各頂点の位置に立っていたのです（次頁写真2）。だから、次頁図9に示しますように、見る方向によって煙突の重なり具合が変わって一本から四本に見えるのです。二本の煙突の間に直交する二本の煙突が重なる場合に一本に見えるのですから、その時は太さがおよそ三本分になるのです。二本から四本に見える時の煙突の太さは同じです。

もちろん、当時のおとなにとっては、こんな〝秘密〟はわかりきったことだったのでしょうが、〝お化け〟の正体を見つけた当時、幼稚園児であった私は大いに興奮したことを、それから六十年近くたったいまでもはっきりと憶えているのです。もし、あの時、

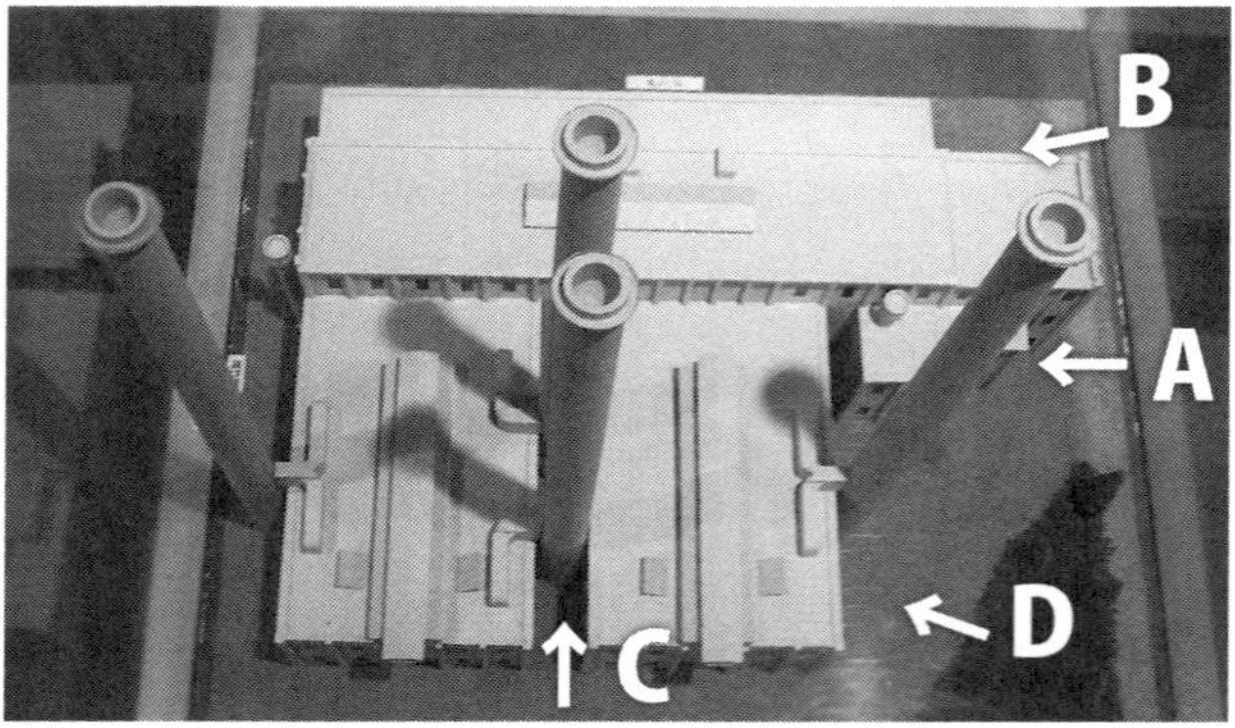

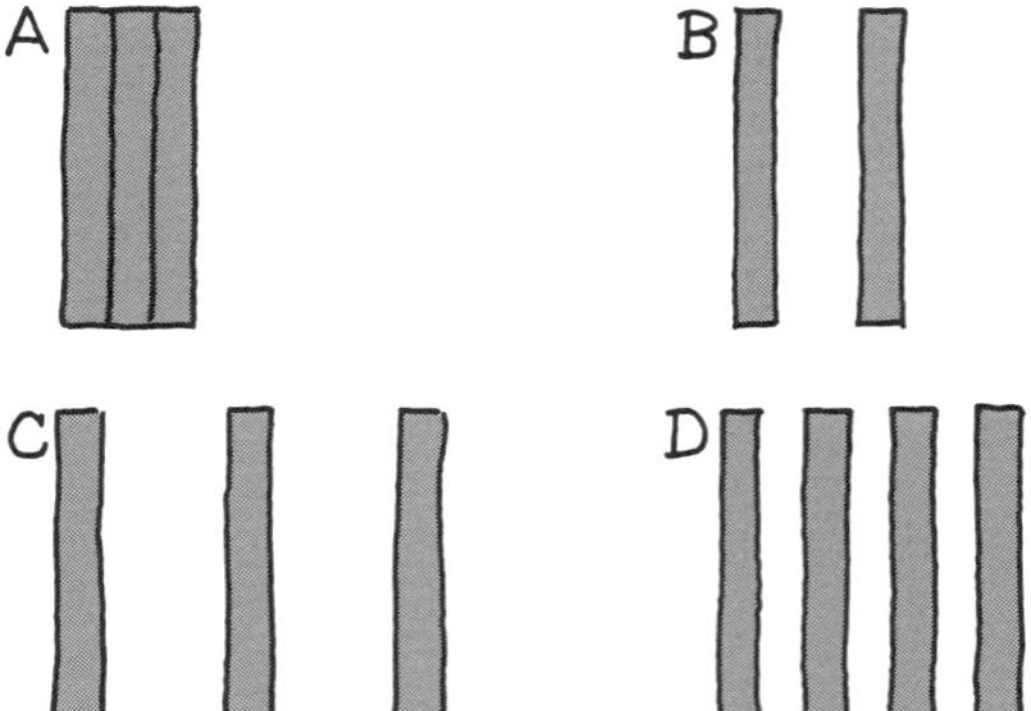

写真２（上） 上から見たお化け煙突の模型（撮影協力／テプコ浅草館）
図９（下） それぞれの角度から見た煙突の見え方

親がすぐに〝秘密〟を教えてくれたなら、私がこれほど鮮明に憶えていることはなかったと思います。自分なりに苦労して考えながら〝秘密〟を自分自身で見つけたからです。

　さて、ある人が〝お化け煙突〟が一本に見える土地に住み、他の土地へ行くことなくそこで一生を終えたとしますと、その人は「一本の煙突」を信じて疑いません。生涯、それぞれ二本、三本、四本に見える土地で暮らした人にとっても同じことで、彼らにとっては〝お化け煙突〟でもなんでもなく、ただの煙突です。

　もし、各地を代表する四人が集まって「北千住にある東京火力発電所の煙突は何本か」という議論を始めたとしますと、彼らはそれぞれ一本、二本、三本、四本と主張し、互いに譲らないでしょう。事実、彼らにとってはそのように見えているし、それ以外には見たことがないのですから当然です。「四本だ」といった人は、結果的には正しかったのですが、たまたま自分が四本に見える土地にいただけであって「四本だ」と主張したこと自体は他の三人と何ら変わることはないのです。

　このお化け煙突の話のように、世の中、とりわけ、狭い世界でのみ生活している〝井の中の蛙《かわず》〟には、このような思い込みや誤解は珍しいことではないのです。だから昔から「井の中の蛙大海を知らず」ということわざがあるのです。

特に、話が観念的なものではなく、〝お化け煙突〟のように、実際に見えているものの場合は厄介です。

思い込み、誤解を解くのは容易なことではありません。大切なことは、自分の視座のみにとらわれることなく、物ごとを素直な気持ちで、他人の視座からも眺めてみることです。

私が幼年時代に体験した〝お化け煙突〟は、今日まで私の〝ものの見方〟の原点になっているようです。私が、まがりなりにも、自然科学の分野の研究者として日本とアメリカで生活できたのも〝お化け煙突〟のお蔭のような気さえします。

ちなみに、その〝お化け煙突〟は、東京オリンピックが開かれた一九六四年、時代の流れに抗しきれなかったのか、およそ四十年の歴史を閉じました。当時、私は高校一年生でしたが、幼児期、私に絶大な影響を与えたあの〝お化け煙突〟がクレーンに吊るされた巨大な鉄球によって無惨にも破壊される姿を見るに忍びありませんでした。ちょっと大袈裟にいいますと、自分自身が鉄球に打ちのめされたような気さえしたのです。

結晶が教えてくれること

誰でも〝結晶〟という言葉を知っているでしょう。

日常生活の中でも〝汗の結晶〟とか〝努力の結晶〟というように〝結晶〟という言葉が使われます。

このように、日常生活の中で使われる〝結晶〟という言葉には「長年の努力の結果できあがった、あるいは獲得した非常に尊い貴重なもの」というニュアンスがあります。

一般に知られている現実の具体的な結晶の代表はダイヤモンド、ルビー、サファイアなどの宝石でしょう。これらの天然宝石は、実際、地質学的な長い年月を経て、地中でつくられた尊く、貴重な〝宝の石〟です。

中谷宇吉郎《なかやうきちろう》（一九〇〇〜一九六二、物理学者・随筆家）が「天からの手紙」と呼んだ雪は、水蒸気が昇華してできた結晶です。

さらに、日常生活に欠かせない塩や砂糖や化学調味料も結晶の一種です。

このように、人間社会の中で、結晶はさまざまなイメージ、姿、種類を持っているのですが、それを科学的に定義してしまいますとまことに簡単明瞭なのです。

すべての物質は原子の集合体ですが、結晶というのは、この原子が立体的に規則正しい周期性を持って配列しているものです。

結晶の〝型〟はいくつかのグループに分類されているのですが、宝石の代表であるダイヤモンドとエレクトロニクスの主要基盤材料であるシリコン（ケイ素）は同じグループに属し、それらの外形の理想系はピラミッドを二個合わせたような、八個の正三角形から成る正八面体です。写真3は、その正八面体の結晶模型をさまざまな角度から眺めたものです。黒い粒が原子、それらの黒い粒は棒のようなもの（結合手）で結びつけられています。このような構造は〝ダイヤモンド構造〟と呼ばれます。

まず（a）は、この模型を不特定の任意の方向から眺めたものですが、これからは外

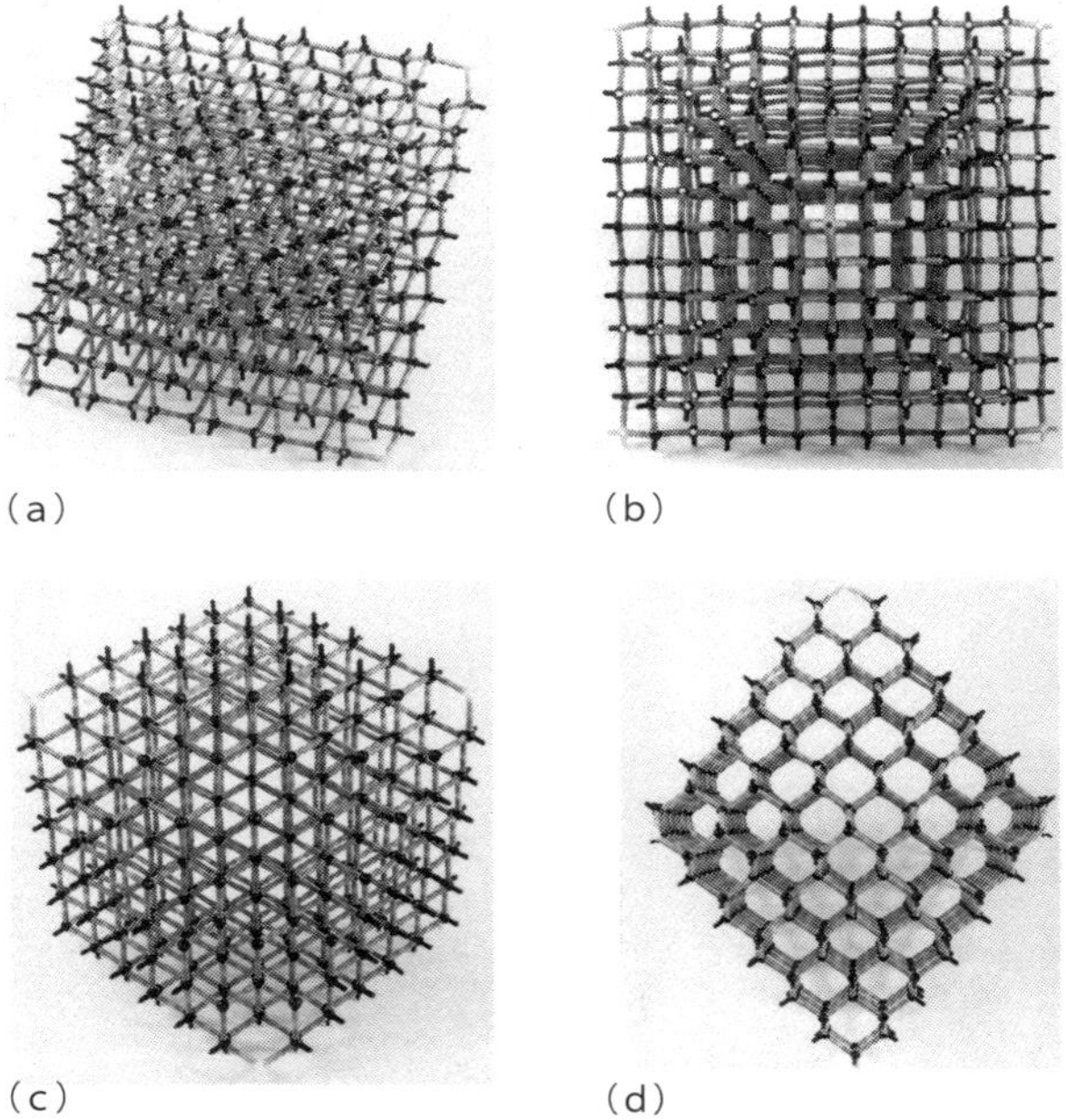

写真３　正八面体ダイヤモンド結晶模型のさまざまな見え方

形が正八面体であることや構成原子が規則正しく並んでいることなど知る由もありません。私たちの人生について考えてみましても、このような状況に置かれることがあるでしょう。目の前の視界が閉ざされ、先がまったく見えない状況です。壁に突き当たったり、スランプに陥ったり、どうにもならなくなった状態です。

このような場合、ブルドーザーのように、あるいはドリルで穴を開けるように強引に突き進むのも一つの方法でしょう。自信をなくして諦めるか、あるいは、最悪の場合は自殺してしまうかも知れません。

ところが写真3（a）の結晶模型を回転し、正八面体を形成する一つのピラミッドの頂点の位置から見下ろしますと、（b）のようなきれいな正方形のトンネルが見えます。また、正八面体を形成する正三角形の真上から眺めますと、こんどは（c）のような正三角形のトンネルが見えます。さらに、合わさった二個のピラミッドを真横から眺めますと、なんと、（d）のような大きな正六角形のトンネルが見えるのです。

繰り返しますが、写真3（a）～（d）は、同じ結晶模型を四つの異なった方向から眺めたものです。同じものでも、見る方向（角度）によって、〝見え方〟がまったく異なるのです。

自分の前途が（a）のような状態であれば、まことに悲観的になってしまうかも知れませんが、この結晶模型は、見方や観点を少し変えてみることで（b）～（d）のようにサアーッと道が開けることを教えてくれています。特に（a）と（d）の差は著しいではありませんか。両者が同じものであるとはとうてい思えないほどです。見る角度をちょっと変えるだけで、見え方がこれほど顕著に変わってしまうことに、本当に驚かされます。

この結晶模型は、ものごとや人物を見る場合、一方向、一面だけではなく、多角的、多面的に見て、その姿や価値を正しく評価し、判断することの大切さを教えてくれています。

結局、私たちは、人生のさまざまな場面、局面で、このように、事象や人物を多角的、多面的に見られるようになるために、いろいろな勉強や修行をするのだと思います。また、教育の目的も、そのような能力を身につけさせることにあるのでしょう。私は、そのような能力こそ、本当の教養であり智慧だと思います。

素材が同じでも……

この地球上にはおよそ一〇〇種類の元素が存在しますが、私たちにとって最も身近な元素は何といっても酸素、水素、窒素、炭素でしょう。

私たちが生命を維持する上で不可欠な水は酸素と水素の化合物ですし、空気の九九パーセントは窒素と酸素です。また、私たちの身体のほとんどはこれらの四元素でできています。私たちの体重の六〇パーセント以上は水ですし、およそ二〇パーセントは炭素です。

先ほどダイヤモンドの結晶模型の写真を示しましたが、じつは、この〝宝石の王様〟ダイヤモンドは炭素そのものです。あの真っ黒な炭と同じ炭素です。鉛筆やシャープペンシルの芯の主成分も炭素（煤《すす》）です。こういうことを〝知識〟として知ってはいても、実際、割れやすい、真っ黒な炭や鉛筆の芯と、地球上のあらゆる物質の中で最も硬く、ピカピカと光り輝く宝石のダイヤモンドの〝元〟が同じ炭素である、というのは不思議なことです。

もちろん、ダイヤモンド、炭、鉛筆の芯のうち、どれが最も価値があるか、というようなことはいえません。それぞれの用途、また個人的な価値観によって決められることです。

私のように「焼き鳥屋で一杯」が好きな人間には備長炭のような炭が一番価値があるように思えますし、私は鉛筆が好きですので鉛筆の芯も重要です。

このように、物としての価値については一概にはいえないのですが、炭素から成るさまざまな物質の中で、ダイヤモンドが最も希少、貴重であり、最も高価であり、最も人気があることは確かです。

ところで、同じ炭素という元素でありながら、どうしてダイヤモンドや炭や鉛筆の芯のようなまったく別の物質になってしまうのでしょうか。不思議なことです。何が、どう違うのでしょうか。

結論をいいますと、話は単純明快で、炭素原子の結合の仕方（くっつき方）が違うのです。ダイヤモンドが最も希少だということは、ダイヤモンド構造に結合する炭素原子が希少ということです。つまり、普通、炭素原子は炭や煤の構造に結合してしまうのです。

つまり、原料となる原子がまったく同じでも、それらの結合の仕方によっては、まったく異なる物質になってしまうのです。このようなことは、炭素の場合に限られることではなく、自然界にはしばしば見られることなのです。

自然界ばかりでなく、同じ〝素材〟を使っても、〝料理人〟の腕次第で〝味〟がガラリと変わってしまうことはさまざまな分野でごく普通に見られることです。また、両親が同じでも、育った環境次第で子どもの性格がガラリと変わってしまうこともあります。

自然界においても、人間社会においても、〝素材が同じでも結果が大いに異なる〟という現象の〝発端〟あるいは〝きっかけ〟は多くの場合〝ちょっとしたこと〟なのです。

ありふれたものでも……

世の中にはさまざまな宝石があります。その〝王様〟と呼ばれているのが、いま述べましたダイヤモンドです。

宝石は〝宝の石〟で、真珠や珊瑚《さんご》などの例外を除けば鉱物です。

地球にはおよそ三〇〇〇種の鉱物がありますが、その鉱物を形成するのは、自然界に存在する約一〇〇種の元素で、鉱物に限らず、すべての物質は、これらの元素の組み合わせや結合の仕方の違いによる結果であることはすでに述べた通りです。

さて、宝石は希少な〝宝の石〟なのですが、その成分（〝原料〟）を知れば、あまりに意外なことに驚くでしょう。いますでに、ダイヤモンドの〝原料〟が炭や鉛筆の芯と同じ炭素であることに驚いていただいた（多分）ばかりなのですが、他のすべての宝石の〝原料（成分）〟も〝ありふれたもの〟なのです。

ダイヤモンドと並ぶ宝石の代表格である赤いルビーも青いサファイアも、その成分は研磨材の白い粉あるいは坩堝《るつぼ》などに用いられる白色磁器と同じ、酸化アルミニウムという酸素とアルミニウムの化合物です。また、水晶、アメジストの成分は〝白砂青松〟の白砂と同じ酸素とシリコン（ケイ素）です。赤や青、あるいは緑と変幻自在、虹の色に輝くオパールもタネを明かせば、酸素とケイ素と水から成る化合物にすぎません。ガーネットやエメラルドの主成分もありふれた酸素、ケイ素、アルミニウムです。

いま、酸素、ケイ素、アルミニウムを〝ありふれたもの〟といったのですが、どれくらいありふれているかといいますと、地殻の重量のおよそ八三パーセントを占めるのが、これらの三元素なのです。ついでに述べますと、エレクトロニクスの基盤であります半導体シリコン（私は〝現代の宝石〟と呼んでいます）の原料は地殻のおよそ七五パーセントを占める酸素とケイ素です。

つまり、宝石はどこにでもある極めてありふれた原料でできているのです。

ところで、世の中は〝グルメ・ブーム〟だそうで、テレビにも「グルメ番組」や「料理番組」が少なくありません。そして、そのような番組に出て来る〝素材〟は「○○産の××」、「△△直送の□□」あるいは「いまが旬《しゅん》の●●」が多いのです。

つまり、決してどこにでもあるありふれたものではなく、たいていは貴重、希少なものばかりです。

私は、本当の料理の達人とは、どこにでもあるありふれた素材を使って、誰の舌でもびっくりさせるほどおいしい料理をつくる人のことだと思っています。宝石をつくりだす自然は、まさに〝料理の達人〟です。

貴重、希少なものを使って、貴重なものをつくっても、それはあたりまえのことではありませんか。

世の中を見回しますと、いたるところで、人間は貴重、希少なものを使って、ありふれたものをつくっているように思えます。

宝石は、同じ素材、ありふれたものでも、工夫次第で、予想もできなかったようなすばらしいものをつくれるのだ、ということを教えてくれているのです。

〝不純物〟の効用

先ほど述べましたように、赤いルビーも青いサファイアも、その成分は白色磁器と同じ酸化アルミニウムという酸素とアルミニウムの化合物です。じつは、赤いルビーと青いサファイアと白色磁器は成分が同じであるだけではなく、組成もまったく同じで、その物質を化学式で書きますと Al_2O_3 なのです。

宝石であるルビー、サファイアと白色磁器との違いは、それらが結晶か非結晶か、ということにあるのですが、赤いルビーと青いサファイアとの違いは何から生まれるのでしょうか。

両者が、もし一〇〇パーセント純粋な Al_2O_3 の結晶だとしますと、いずれも無色透明で、もちろん、ルビーとサファイアの区別はつきません。

ルビーとサファイアが美しい赤と青というまったく異なった色を呈するのは、その中に含まれる微量の〝不純物〟のはたらきのためなのです。つまり、純粋な Al_2O_3 の結晶中に微量の酸化クロムという物質が入り込みますと美しい赤色を発して〝ルビー〟になり、微量の酸化チタニウムと酸化鉄が入り込みますと美しい青色を発して〝サファイア〟になるのです。したがって、これらの〝不純物〟の量によって、ルビーの赤さもサファイアの青さも微妙に違うことになります。

このように、主成分、結晶構造が同じでも、その中に微量に含まれる〝不純物〟の種類によって色が異なり、別名で呼ばれる宝石は、ルビーとサファイアのほかに水晶とアメジスト、エメラルドとアクアマリンなどがあります。

宝石の美しさの秘密の一つは、〝不純物〟という、あまり名誉でない名前で呼ばれる、微量に含まれる物質に隠されているのです。

また、〝現代の宝石〟半導体がエレクトロニクスの基盤材料であることはすでに述べましたが、じつは、この半導体が一〇〇パーセント純粋、かつ完璧なものであったとしますと、まったく無能な死んだ物質になってしまうのです。つまり、純粋で完璧な半導体ではエレクトロニクスを支えることができないのです。

半導体がエレクトロニクスを支えられるのは、不可避的に生じている結晶の不完全性と、さらに活性化させるために、わざと入れられるヒ素などの〝不純物〟のお蔭なのです。この〝不純物〟は料理に使われる調味料、隠し味のようなものです（しかし、ヒ素自体は猛毒ですので、絶対に食物の中に入れてはいけません！）。

料理に使われる調味料は何でもよい、というわけにはいきません。目的とする味、辛味、甘味、酸味などに応じて調味料の種類と量が選ばれます。半導体結晶の中に入れられる〝不純物〟の場合にもまったく同じことがいえます。

宝石の美しさも、半導体の偉大なはたらきも〝不純物〟という異端者があってのことなのです。日本のような〝均質社会〟では、〝不純者〟はもとより〝異端者〟は嫌われがちですが、異質なものこそが色や味を添え、また思わぬ力を発揮させるものであることを忘れてはいけません。

確かに、〝不純物〟は、ある意味では欠点、欠陥です。しかし、世の中に完璧・無垢な人間は一人もいないのです。誰でも欠点や欠陥を持っています。宝石や半導体は、私たちに、誰もが持っている欠点や欠陥を活かすことの大切さ、それを前向きに考えることの大切さを教えてくれているように思われます。まさに「怪我の功名」「禍を転じて福となす」ということです。

みんなちがって、みんないい

明治時代に若くして亡くなってしまった金子みすゞさんという詩人がいます。私は、この人の詩が大好きなのですが、次の「わたしと小鳥とすずと」も好きな詩の一つです。

わたしが両手をひろげても、
お空はちっともとべないが、
とべる小鳥はわたしのように、
地面《じべた》をはやくは走れない。

わたしがからだをゆすっても、
きれいな音はでないけど、
あの鳴るすずはわたしのように
たくさんなうたは知らないよ。

すずと、小鳥と、それからわたし、
みんなちがって、みんないい。

私は、そのとおりだと思います。「みんなちがって、みんないい」のですが、それ以前に「みんなちがう」のです。人間はみんな違うんだ、というところから出発することが大切です。

人間はみんな違い、それぞれにふさわしい人生があるのです。

複数の〝ものさし〟を持つ

一九八三年に私は永住のつもりでアメリカに渡ったのですが、渡米当時、日常生活においてまことに厄介に思ったのが、長さや体積や重さなどの単位のほとんどが日本のものと異なることでした。アメリカでは日本では使わないさまざまな単位が使われているのです。

たとえば、〝長さ〟ではインチ、フィート、ヤード、マイル、〝面積〟ではエーカー、〝体積〟ではガロン、〝重さ〟ではオンス、ポンドなどです。

仕事上、私がまず最初に慣れなければならなかったのは〝長さ〟のインチとセンチメートルの対応でした。もちろん、一インチが二・五四センチメートルであることは頭ではわかっているのですが、〝インチ〟で示される長さが感覚的にすぐに把握できるようになるまでにはかなりの時間がかかりました。

また、毎日、車通勤でしたので、スピード違反で捕まらないためにも、マイルとキロメートルとの関係を感覚的に把握する必要もありました。

そのほかの、いずれの単位も次第に慣れ、身体に染みついて行ったのですが、十年余アメリカで生活した私が最後まで慣れなかったのは、温度の単位であるF（華氏）でした。もちろん、さすがにアメリカでも科学の分野では、世界共通のC（摂氏）やK（絶対温度）が使われますので、仕事上は困らなかったのですが、気温や湯や冷蔵庫の温度など日常生活に関係する温度の単位はすべてFなので、本当に困りました。

私がアメリカで仕事をするようになって、すぐに文房具屋で見つけた便利な道具が、両側にセンチメートルとインチの目盛りがついている〝ものさし〟でした。

私の頭の中での長さの単位は長年〝センチメートル〟でしたので、当初は物の長さを測る時、ものさしのセンチメートルの目盛りの側を物に当て、それからインチでの長さを把握しました。

しかし、何でもインチが主流のアメリカで暮らしているうちに、自然に、ものさしのインチの目盛りの側を当てるように変わって行ったのです。

長年住み慣れた日本を離れ、アメリカという異国で生活するようになって、私が最初に実感した〝文化の違い〟が、この〝インチとセンチメートル〟であり、これから否応《いやおう》なしにアメリカの異文化の中で生きて行かねばならない私を象徴的に勇気づけてくれたのが〝両側ものさし〟でした。

先ほどの〝お化け煙突〟の話とも共通することですが、人間誰しも、自分の確固たる〝ものさし〟というものを持っています。そして、いつでも、意識的あるいは無意識的に（多くの場合は無意識的でしょう）、その自分自身の〝ものさし〟を物事や人物などの〝対象〟にあてて、判断、評価しているのです。

つまり、人間は、結果的にいつでも、自分の〝ものさし〟が判断、評価の規準なのです。そして、〝対象〟が、その〝ものさし〟に合わない時、人間は不快感や怒りを覚えるものです。

もちろん、自分の〝ものさし〟が完璧、万能なものであればよいのかもしれませんが、世の中に完璧で万能な〝ものさし〟も、そのような〝ものさし〟を持っている人も存在しないでしょう。

また、インチとセンチメートルの話で象徴的に示されますように、たとえ自分が完璧な〝センチメートルものさし〟を持っていたとしましても、それを使って、ある物の長さを〝インチ〟で測ることは不可能なのです。〝インチ〟しか知らない人間に、ある物の長さを〝センチメートル〟でいくら熱心に、誠意を込めて、何度説明してみても、〝インチ〟の彼を理解させるのは原理的に不可能なのです。

ところが、世の中を見渡してみますと、〝インチ〟しか知らない人間に、〝センチメートルものさし〟を使って一所懸命説明した挙句、「どうしてアイツはオレのいうことがわからないのだろう」と苛立《いらだ》っていることが多いのではないかと思われます。〝センチメートル〟と〝インチ〟ならば、まだ同じ〝長さ〟だからよいのです。世の中には、自分が使っているのが〝重さ〟を測る〝はかり〟であることに気づかず、一所懸命になって〝長さ〟を測ろうとして「何で測れないんだろう」と苛立っていることが多いような気がします。

やはり、まず、物の〝重さ〟を測るには〝はかり〟を、〝長さ〟を測るには〝ものさし〟を用いなければならないことを知らなければなりません。次に、単位がキログラムなのかポンドなのか、センチメートルなのかインチなのかを知らなければなりません。

自分の一本だけの〝ものさし〟ですべてを測ることはできないのです。

結局、いろいろなことを勉強するのは、自分自身が、さまざまな〝ものさし〟を持つためなのです。

〝考える〟脳をつくる

私の趣味の一つは、美術館、博物館巡り、〝歴史〟探索です。幸いなことに、いままで、さまざまな国のそれらを訪れる機会に恵まれました。エジプト、イタリア、ギリシヤ、ペルー、中国、そして日本などの古代人の建造物や美術・工芸品を見るたびに、「昔の人が、よくこんなすごいものをつくったものだ」と感心しました。科学的、技術的に考えても、現代人の想像を絶するほどすばらしいものが少なくありません。

しかし、よく考えてみますと、智慧《ちえ》に優れた昔の人だからこそ、あのようにすばらしいもの、現代人にはとても及ばないようなものをつくることができたのです。

文明の利器、とりわけ、ITの発達によって、世の中には要、不要を問わず、まさに溢《あふ》れんばかりの情報が飛び交い、私たち「文明人」の頭の中には多量（過剰？）の知識が入り込んでいます。当然のことながら、現代「文明人」は昔の人とは比較にならないほど多量の知識、情報を持っています。

40ページに述べましたように、いままでに人類が獲得した情報収集手段を歴史的に、また極めて概略的に列挙しますと、直接観察・見聞→書籍→ラジオ（音声）→テレビ（音声と映像）→インターネット（マルチメディア）となります。そのまま、情報収集の効率の順番でもあり、それはとりもなおさずITの発展史をそのまま示すものです。ちょっと考えただけでも、その効率と迅速性の進化にはすさまじいものがあります。

現在、世界のほとんどの国のネットワークと接続されているインターネットと携帯電話の急速な普及に象徴されていますように、文明国は〝マルチメディア社会〟となり、その恩恵は一般人、一般家庭でも手軽に享受できるまでになっています。その結果、ありとあらゆる種類の情報が、そして大量の情報が誰にでも、どこででも、簡単に得られるようになっているのです。

以下、「〝知識〟と〝智慧〟」の項（第1章）で述べたことですが、大切なことですので、もう一度書き記しておきたいと思います。

〝情報〟の歴史の中で、画期的なのは、なんといっても、活字と印刷術の発明でしょう。これらは、情報を量ばかりでなく時間的、空間的に著しく拡大しました。さらに、テレビのような〝音声映像情報供給装置〟の普及は人類の知識を飛躍的に増大させました。

しかし、人類の脳に与える刺激と情報の〝意味化〟において、活字メディアとテレビのような音声映像メディアとは根本的に異なります。活字メディアの場合、まず文字、そして文章を読むことを学び、習得しなければなりません。また、文字という、それ自体は具体的な〝像〟を持たない記号の羅列である文、文章から、場面や状況や内容などを自分の頭で具体化しなければならないのです。つまり、自分自身による、文字どおり

〝想像〟の作業が必要です。そのためには〝心の眼〟が不可欠です。

ところが、テレビのような音声映像メディアは、具体的な像を音声つきで与えてくれます。視覚と聴覚に関する限り、〝想像〟の作業はほとんど不要です。

この〝想像〟の作業が、そして〝心の眼〟が必要であるかどうかは、脳の活性化のことを考えれば、決定的な違いです。

個々の知識がいくら増えても、脳は活性化されないのです。むしろ、単なる知識の蓄積は、脳の柔軟性を奪い、脳を不活性化してしまうのではないかと思います。

脳を活性化する上で大切なことは、個々の知識に連関を求め、個々の知識の融合に努めること、結局、〝記憶すること〟ではなく〝考えること〟なのです。まあ、〝考える脳〟はすでに〝活性化された脳〟でもありますので、話は堂々巡りしてしまいそうです。

考えるためには多量の情報は不要です。良質、基本的な情報が少量あればよいのです。本当は、活性化された脳には少量の良質な情報さえあればよい、というべきかも知れません。大切なのは〝考える智慧〟です。

数々の文明の利器は、昔の人には考えられなかったような「効率」で作業を行なうことを可能にしました。〝技術〟あるいは広く〝文明〟というものは究極的に、「効率」向上のための〝道具〟です。〝技術〟は無駄を省き、「目的」までの不必要な空間と時間を縮小しました。人間は、それを「進歩」と考えたのです。

文明は人類に〝便利さ〟を与え続けて来ましたし、人類はその測り知れない恩恵に浴して来ました。

しかし、その〝文明〟のために、「効率化」のために、そして「進歩」のために、人間、個々人の智慧が退化したことは確かではないでしょうか。智慧を働らかさなくても、とりあえず、日常生活には困らないからです。少なくとも、智慧を働らかさなくても、死の危険がないからです。

第4章　つまらない勉強が面白くなる

こんなに面白い日本史と世界史

私が卒業した高校は男子校で、毎年秋には〝強歩大会〟というのがあり、埼玉県の浦和から茨城県の古河《こが》までの約四五キロメートルを走らされました。当時はいやになるほど苦しかったのですが、いまになってみますと、高校時代で最も懐かしく思いだされるイベントです。

この強歩大会のゴールは古河市内の小学校だったのですが、高校時代の三年間、古河に到達するたびに不思議に思っていたことは、古河の多くの小学校、中学校の校章のデザインが〝雪の結晶〟をベースにしていることでした。

古河という町は、東京の北六〇キロメートルほどに位置するくらいですから、決して

〝雪国〟というわけではありません。それなのに、どうして〝雪の結晶〟のデザインが校章に使われるのか、私はとても不思議に思ったのです。

いつしか、そのような疑問を持ったことは忘れてしまったのですが、高校を卒業してから二〇年以上の後、一般向けの半導体結晶の本を書いた時、遠き日の〝雪の校章〟に関する疑問が氷解（雪解？）したのです。

一般的な結晶の解説に、私は、例として〝雪の結晶〟を取り上げました。

雪の結晶というと、日本の中谷宇吉郎《なかやうきちろう》の研究が世界的に有名なのですが、じつは、江戸時代の天保年間、一八三〇年頃、古河の十一代藩主の土井利位《どいとしつら》（一七八九〜一八四八）が『雪華図説』（正・続）というすばらしい本を遺しているのです。これは、当時〝蘭鏡〟と呼ばれた簡単な構造の顕微鏡を使って雪の結晶を観察し、それをみごとなスケッチとしてまとめたものです。合計一八九種の雪の結晶のスケッチとともに観察場所と観察日の記録が書かれています。

つまり、古河の小学校や中学校の校章に〝雪の結晶〟が使われているのは、昔の古河藩主・土井利位の『雪華図説』にちなんだものに違いないと思ったのです。この土井利位は後に、「大塩平八郎の乱」を平定した功績によって京都所司代、老中にまで出世しています。

これで、当初の疑問については一応合点がいったのですが、また新たな疑問が生じてしまいました。

北海道や東北地方の寒冷地であれば理解できるのですが、どうして、茨城県の古河のようなところで、あのような簡単な顕微鏡で雪の結晶の観察ができたのだろうか、ということです。

いうまでもないことですが、雪はすぐに融けてしまいますので、きれいな六角形の雪の結晶がそのまま、スケッチが終わるまで存在してくれるためには、観察環境が相当の低温でなければならないのです。現在のように、さまざまな冷却装置が利用できるのであれば、話は簡単なのですが。

日本史年表にあたってみて、私の疑問はまたまた氷解しました。

一七〇〇年頃からずっと日本国内で異常気象が続いていたのです。旱魃《かんばつ》があったり、冷害があったりして、それが、日本史上有名な「天明の大飢饉」「天保の大飢饉」につながるのです。本来、寒冷地でのみ見られるようなきれいな雪の結晶が観察できるような土地ではない古河でもあれだけきれいな雪の結晶が観察でき、それを写真ではないスケッチで遺せたということは、古河が異常なまでに寒かったのです。そのことを、年表を眺めていて理解できました。

また、土井利位が京都所司代、老中にまで出世するきっかけになった「大塩平八郎の乱」も、異常気象がもたらした大飢饉に苦しむ大坂の窮民を救うべく立ち上がった大坂町奉行与力であり陽明学者でもあった大塩平八郎が起こした乱だったのです。私は〝異常気象〟が結びつける「古河の校章」、『雪華図説』、「土井利位」、「大塩平八郎の乱」、「京都所司代、老中への出世」という〝歴史〟の流れの妙味を覚えずにはいられませんでした。

このような異常気象が狭い日本だけに起るはずはありませんので、私は世界史年表を調べてみました。当然ですが、案の定、一八〜一九世紀は世界中が異常気象に襲われ、それが原因となったさまざまな大事件が起っていることがわかります。

たとえば、一七八九年のフランス革命の原因についてはいろいろなことがいわれていますが、結局は異常気象のために農作物が不作で、一般庶民の食べる物がなくなったことが基本的な原因に思われます。

ついでながら、チャイコフスキーに「序曲一八一二年」という作品がありますが、これはモスクワを攻めたナポレオンが寒さと大雪のために退散させられたことを題材にしています。この時から、あのナポレオンさえも追い返した冬の寒さと大雪のことを「冬将軍（General Winter）」と呼ぶようになったのです。ナポレオンの退散も、チャイコフスキーの「序曲一八一二年」も、「冬将軍」という言葉も異常気象の〝産物〟です。

さらにいえば、トルストイの大作『戦争と平和』も、この一八一二年前後の十数年のロシアを舞台にしています。この大作も単にロシアの文学作品として読むのではなく、日本に『雪華図説』や「大塩平八郎の乱」などを生んだ〝異常気象〟と関連づけて読むならば新たな興味が湧《わ》いて来るに違いありません。

そして、なぜ、一八〜一九世紀に世界中が異常気象に襲われたのかといえば、それはひとえに太陽活動の影響です。太陽活動に周期性が見られることはよく知られている事実です。その周期性によって、地球は寒冷化したり、温暖化したりするのです。

だいぶ〝まえおき〟が長くなったのですが、ここの話のエッセンスは「歴史」の見方、楽しみ方です。

学校の「歴史」の教科書や年表に現われる「歴史」はあくまでも歴史の表層にすぎません。一見バラバラに思えるような事件なども、その奥に隠されたものを考えて行きますと、意外なところで連関を見出せるものです。人間の「歴史」というものが、この地球上の人間によってつくられるものであることを考えれば、そのような連関は当然のものでもあります。

個々の「知識」は、なんら拡がりを持たず、それだけのものにすぎませんが、それらの間に連関を見出そうとする時、見出した時に脳が活性化されるのです。また、活性化された脳は興味深い連関を見出すものです。

学校でも、「歴史」の授業では事項や年代を暗記させるような、まったく無意味、無味乾燥なことをさせるのではなく、歴史の〝連関〟を教えるべきなのです。そのためには、文部科学省認定の「教科書」よりも、良質な歴史小説の方がはるかに効果的に思われます。

いま、私がここで述べました「古河の校章」から『雪華図説』、土井利位、大塩平八郎の乱、フランス革命、ナポレオン、「冬将軍」、チャイコフスキー、トルストイに至るまでの〝連関〟を学校で教えてくれれば、大半の生徒は歴史好きになり、脳の活性化に大いなる喜びを覚えるでしょう。

ところで余談ながら、シェイクスピアの『夏の夜の夢』の名訳として名高い福田恆存《つねあり》訳の中に「冬将軍」という言葉が出て来ます。

もちろん、シェイクスピアの時代（一六～一七世紀）には〝General Winter（冬将軍）〟などという言葉はないはずです。いま述べましたように、〝General Winter（冬将軍)〟は一八一二年に生まれた言葉なのですから。私はヘンだと思って、『夏の夜の夢』の原文(〝A Midsummer-Night's Dream〟)を読んでみました。

やはり、当然のことながら、シェイクスピアは〝General Winter〟という言葉は使っておらず、「冬」を意味するラテン語の〝hiems〟を擬人化した〝Hiems〟という言葉を使っています。すでに「冬将軍」という言葉を知っている福田恆存はこの〝Hiems〟を「冬将軍」と訳したわけです。

さらに余談ながら、私は、この〝A Midsummer-Night's Dream〟を福田恆存はどうして『真夏の夜の夢』と訳さないのか(もう一人の名訳者・小田島雄二は『真夏の夜の夢』と訳しています)不思議に思ったのですが、じつは、原題は正確には「夏至前夜の夢」という意味で、「夏至」は六月二二日頃ですから、これを「真夏の……」と訳したのではいささか雰囲気が異なってしまうのです。『夏の夜の夢』は、このようなことを考慮した福田恆存の周到な訳だったのです。

いま述べました〝歴史の面白さ〟をまとめて示すのが図10です。

シェイクスピア『夏の夜の夢』に「冬将軍」
シェイクスピアの時代（16～17世紀）に
「冬将軍」という言葉はないはず！

「冬将軍（General Winter）」

トルストイ『戦争と平和』（1869年）
チャイコフスキー「序曲1812年」（1880年）

古河藩主・土井利位
『雪華図説』（1832年）
『続雪華図説』（1840年）

土井利位、「大塩平八郎の乱」平定の功績により京都所司代、老中に累進、「天保改革」に参画

1641 ～ 42	（寛永 18 ～ 19)	寛永《かんえい》の大飢饉《だいききん》
1657	（明暦３）	明暦《めいれき》の大火（振袖《ふりそで》火事）
1682		江戸大火（八百屋《やおや》お七《しち》の火事）
1698		江戸大火（勅額《ちょくがく》火事）
1703	（元禄 16）	関東地方に大地震（元禄《げんろく》大地震）
1707	（宝永４）	富士山大噴火（宝永《ほうえい》山出現）
1732	（享保 17）	享保《きょうほう》の大飢饉（西日本で蝗害《こうがい》）
1742	（寛保２）	関東大水害（寛保《かんぽう》の大洪水《こうずい》）
1755	（宝暦５）	奥羽を中心に大飢饉（宝五《ほうご》の飢饉）
1770	（明和７）	諸国に大旱魃《かんばつ》
1772	（明和９）	明和《めいわ》の大火（江戸目黒行人坂《ぎょうにんざか》の火事）
1782 ～ 87	（天明２～７）	天明《てんめい》の大飢饉
1783		浅間《あさま》山《やま》大噴火
1786		関東・陸奥《むつ》大洪水、諸国凶作《きょうさく》
1789		フランス革命
1792		雲仙岳《うんぜんだけ》大噴火（島原大変）
1806	（文化３）	文化の大火（江戸芝の火事）
1812		**ナポレオンのロシア遠征失敗**
1822		西国でコレラ流行（日本最初の流行）
1833 ～ 39	**（天保４～ 10）**	**天保《てんぽう》の大飢饉**
1837	**（天保８）**	**大塩平八郎《おおしおへいはちろう》の乱**
1822		西国でコレラ流行（日本最初の流行）
1854	（安政元）	東海・南海地震（安政《あんせい》東海地震）…死者一万人余
1855	（安政２）	江戸大地震 (安政大地震）
1856		江戸大洪水
1858		三都でコレラ大流行……江戸の死者約３万人
1866		風水害で諸国凶作

図 10

二酸化炭素で地球が温暖化?

いま、「周期的な太陽活動によって、地球は寒冷化したり、温暖化したりする」と述べましたが、ついでに、近年、すっかり「定着」してしまった感があります「二酸化炭素（CO_2）の増加→地球温暖化」説について簡単に触れておきましょう。

地球温暖化に対する人々の関心が急速に世界に拡がったのは一九九〇年代以降のことで、その「地球温暖化」の主因は「人為的に排出されるCO_2の増加」だということになりました。

そもそも、「CO_2の増加→地球温暖化」説なるものが喧伝《けんでん》されるようになったきっかけは、一九八八年、アメリカNASAのジェームズ・ハンセンの「気温変動とCO_2濃度との関係」を示す報告でした。一八世紀中頃の産業革命以降、化石燃料の消費量は増加の一途を辿っていますので、それに伴ない、地球大気中のCO_2濃度が一貫して急増しているのは事実です。また、近年、地球の平均気温が上昇しているのも事実です。しかし、長いスパンで気温の変動を見ますと二酸化炭素濃度に比例して上昇しているわけではないのです。事実、ハンセンが示したデータを見ましても、一九四〇〜七〇年代は気温が下降し続け、三〇年前は、世界中が「地球寒冷化」で騒いでいたのです。実際、「地球温暖化」と比べれば「地球寒冷化」の食物などに与える影響は極めて深刻です。

それでは「気温変化」の主因は何かといいますと、それはほぼ一〇〇パーセント、太陽活動の変化でしょう。そして、その太陽活動は、いま述べましたように周期的です。したがって、地球の気温も周期的に変化することになります。

さらに、ついでに、「地球温暖化」の議論の中で、常に問題になります「温室効果」と「温室効果ガス」について述べておきましょう。

まず「温室効果」についてです。

人工的な環境下で野菜や果物、花などを栽培する温室はガラス、アクリル、ビニールなどで囲まれた閉鎖空間です。この「囲い」は太陽光の中の可視光線（いわゆる〝虹の七色〟の光）に対しては透明ですから、温室内部に達して温室内の空気や土や野菜などを暖めます。しかし、この「囲い」は、温室内で発生した熱（赤外線）に対しては不透明で、熱を吸収して、その一部を温室内に送り返すという性質を持っています。つまり、温室内にこもった熱は外に逃げにくく、この結果、温室内部の温度が外部より高くなって、野菜などが生育しやすくなるのです。つまり、このような「囲い」の効果が「温室効果」です。

　地球を囲む大気層の中のある成分は、ちょうど温室の「囲い」に相当し、地球に到達した太陽エネルギー（熱）を宇宙空間に逃げにくくする「温室効果」を持ちます。ちなみに、大気の九九パーセントを占める酸素と窒素は「温室効果」をほとんど持ちません。

　このような温室効果を持つ大気層のある成分というのは水蒸気（H_2O）、二酸化炭素（CO_2）、メタン（CH_4）、オゾン（O_3）、窒素酸化物（NO_X）、フロン（フッ素、塩素、炭素の化合物）などで、これらをまとめて「温室効果ガス」と呼ぶのです。

　もし、大気中に、これらの温室効果ガスが含まれなかったら、地球の表面温度はマイナス一八℃ほどになり、平均気温は三〇度ほど低下するといわれています。

近年、二酸化炭素という「温室効果ガス」が「地球温暖化」の元凶のようにいわれていますので、温室効果ガスそのものが「悪者」扱いされているのですが、現在の地球に生存する、私たち人類を含むすべての生物は、温室効果ガスのお蔭で平穏な生活をさせてもらっていることを忘れてはいけません。温室効果ガスは地球上のすべての生命を育む不可欠の重要な物質なのです。

さて、いま列挙しましたさまざまな温室効果ガスがそれぞれ同程度の温室効果を持つか、といえばそうではありません。じつは、温室効果のおよそ九〇パーセントは水蒸気の貢献といわれています。また、大気中に占めるCO_2の割合は、水蒸気の一〇〇分の一ほどの〇・〇三五パーセントです。このようにわずかなCO_2の増加が「地球温暖化」の主因になり得るのでしょうか。私は、さまざまな科学的見地からも歴史的事実からも、断じてあり得ないと思います。もちろん、地球の気温が上昇すれば、水（特に海水）中のCO_2の大気中への放散が増加しますので、大気中のCO_2は増加しますが、CO_2の増加が地球の気温を上昇させるのではありません。地球の気温の増加が大気中のCO_2

濃度を増加させるのです。

気温の変化を含め、地球の気候変化のほとんどは太陽活動に依存すると考えるのが妥当でしょう。

だからといって、もちろん、私はCO_2の排出に無関心でよいというのではありません。

有限の化石燃料の消費を極力減らし（そのことが結果的にCO_2排出量の低減につながります）、地球環境の保全に努力することは現代人が地球の将来のために負わされた当然の義務であります。

しかし、「CO_2の増加→地球温暖化」のような科学的根拠のない「説」が暴走し（事実、すでに、かなりの勢いで暴走しています）、「京都議定書」や「CO_2排出権売買」というようなものが、「国際政治の道具」として堂々とまかり通るとすれば、地球環境保全に禍根を遺すばかりではなく、日本のような、本来の外交理念も外交手腕も持たない「お人好しの国」が、つまり日本人がアメリカや中国に代表される海千山千の諸外国の

「CO_2ビジネス」「環境ビジネス」に食い潰されてしまうであろうことを私は恐れるのです。

マスコミの報道を鵜呑みにし、マスコミに振り回されることなく、ものごとを科学的に考える習慣をつけることも、さまざまな勉強の大切な目的の一つです。

また、マスコミによって流されるニュースの表層を追うだけではなく、その根底にある〝根拠〟を調べてみることも、さまざまな勉強を、具体的な形で楽しくさせる大きな要素です。勉強は「教科書」の中だけに留まっていてはあまり面白くも楽しくもありませんが、それが私たちの実生活に結びつく時、面白さも、楽しさも格段に増すものなのです。

〝奈良の大仏〟の銅

もう十年以上前のことですが、〝明治維新発祥の地〟といわれる山口県の美東町《みとうちょう》を訪れた時、「奈良の大仏さんのふる里」という大きな看板が目にとまりました。一九九〇年頃、全国で〝ふるさと創生事業〟が盛んに叫ばれ、「奈良の大仏さんのふる里」も、その時以来使われている〝町おこし〟のためのキャッチフレーズでした。古い銅山跡と奈良時代の須恵器《すえき》が見つかったからだそうです。

私の知識によれば、〝奈良の大仏〟は、八世紀中葉、自然災害や飢饉や疫病による当時の社会不安を一掃すべく、聖武天皇の発願で国家プロジェクトとして〝国銅を尽くして〟造営されたものです。

事実、当時、因幡《いなば》（鳥取県）、周防《すおう》、長門《ながと》（山口県）、武蔵《むさし》（埼玉県）、山背《やましろ》（京都府）、備中《びっちゅう》（岡山県）、備後《びんご》（広島県）、豊前《ぶぜん》（福岡県）などに銅山があり、『続日本紀《しょくにほんぎ》』によれば、天下の富と権力を掌握した聖武天皇が、これらの産地から銅を集め、国をあげて、国民総動員体制で奈良に大仏を建立したことになっています。

そのような大仏の〝ふる里〟が山口県の美東町だ、とはいささか「誇大広告」ではないか！　私は、美東町教育委員会に〝抗議文〟を送りました。

すぐに、美東町教育委員会から資料がドサリと私のもとへ届けられました。

結論を先にいいますと、〝奈良の大仏〟の創建には長登《ながのぼり》（美東町）の銅が使われたのです。確かに、美東町（長登）は「奈良の大仏さんのふる里」といっても過言ではなかったのです。

当時、私はアメリカで暮らしていましたので知らなかったのですが、一九八八年三月二〇日の全国紙の第一面を東大寺大仏の鋳造跡発掘、そして使用銅が山口（長登）産のものであった、というビッグ・ニュースが飾っていたのです。

その〝決め手〟は、化学分析によって明らかにされた熔銅塊中の異常に高濃度のヒ素でした。長登の銅鉱石の特徴は、石灰分が多く、ヒ素が普通の銅鉱石の一〇〇倍近くも多く含まれていることです。

私は、『続日本紀』に書かれているように、聖武天皇が全国の産地から銅を集めて、国家プロジェクトとして大仏を建立しようとしたことは間違いないと思います。

それでは、なぜ、長登の銅が使われたのでしょうか。天平時代の技術者たちが、全国各地から集められた銅の中から長登の銅を使ったのはなぜでしょうか。

それは、今日の社会でしばしば見られる〝談合〟や官僚と業者との間の贈収賄、汚職の結果ではありません。長登の銅が他産地の銅と比べて、鋳造用材料として優れており、使いやすかった、という純粋に技術的な理由からであったはずです。

その〝技術的な理由〟というのは、ヒ素と石灰という不純物のお蔭で（ここにも〝不純物のお蔭〟が出て来ます）、融点が低く、粘性が低い（サラサラした）熔銅が得られたからです。つまり、鋳造上きわめてありがたいヒ素や石灰という不純物を自然に含んでいた長登の銅は、大仏の鋳造に最適だったのです。

当時の限られた運搬手段、運搬力のことを考えれば、大仏鋳造の材料である銅の産地は奈良に近い方がよいのは当然です。しかし、天平時代の技術者たちは、優れた銅の見分け方を知っており、そして、事実、遠方にもかかわらず長登の優れた銅を選択したのです。

そして、〝長登〟という地名は、〝奈良の大仏〟の原料銅がはるばる奈良へ登って行ったことから賜った〝奈良登〟からいつしか転じたものだそうです。

現代の化学が証明した「歴史」の話、面白いではありませんか。

私は、学校で習った、機械的に化学式を暗記するような「化学」には少しも興味を持てませんでしたが、日常生活はもとより、「歴史」の奥深いところで活躍する化学を知るにつけ、苦手であった「化学」にも興味が拡がって行ったのです。

花火

私は小さい頃から花火が大好きです。

夜空に咲く色とりどりの花火の大輪は、まさに日本の夏の風物詩です。花火大会の会場へ行って、真下で見上げて味わう花火の音と光の迫力、そして火薬の匂いは格別です。

また、遠くで光り、遅れて届く音の味わいも独特の風情があります。私は昔、飛行機から花火を見下げた時、「なるほど、花火はどこから見ても丸いんだなあ」とあたりまえのことに感心したことがあります。

花火の美しさは、なんといっても、暗い夜空に輝く色とりどりの光と、それが瞬時に消える儚《はかな》さにありますが、じつは、現在の花火のように美しいさまざまな色が出る「洋火」と呼ばれる火薬がヨーロッパから日本に入って来たのは明治時代になってからのことです。

洋火にはさまざまな色を出す化学薬品（彩色光剤）が含まれています。化学薬品からさまざまな色が出る仕組は「化学」で習った（習う）「元素の炎色反応」です。私も、昔、「リチウムは赤、ナトリウムは黄色、カリウムは紫、銅は緑、……」というように「元素の炎色反応」の色を暗記しましたが、その時、花火と結びつけることができたらどれだけ楽しかっただろうか、といまになって思えます。

江戸時代の日本の花火には「和火」と呼ばれる硝石と硫黄と木炭の粉を混ぜた黒色火薬のみが使われましたので、その頃の花火は赤橙の単色でした。したがって、当然のことながら、葛飾北斎や歌川広重の浮世絵などに描かれている両国の花火も赤橙の単色です。

時折、テレビや映画の時代劇で彩色豊かな花火を見かけることがありますが、あれは明らかに時代考証がおかしいのです。現代の花火の映像を借用した結果です。いまとなっては、時代劇にふさわしい昔ながらの赤橙単色の花火を打ち上げるのは経費の点で大変なのでしょうが（コンピュータ・グラフィックスを使えば簡単?）、私は、時代劇に彩色豊かな花火が出て来るたびに、とても気になります。

また、光は瞬時に伝わるのに対し、音が伝わる速さは毎秒約三四〇メートルです。このことを知っておきますと、遠くで打ち上げられた花火までのおよその距離がわかります。花火が光ってから、その音が聞こえるまでの秒数を測り、それに三四〇メートルを掛ければ、およその距離が得られるわけです。また、花火会場へ行って花火を見上げる場合も、同様の計算で、花火が破裂している上空の高さを知ることができます。

何も、花火に限ったことではないのですが、何ごとも、少しでも、その歴史や科学を知りますと、そのことに対する興味が倍増するだけでなく、その歴史や科学の理解度も深まるものです。そうすると、また、いろいろな物事の歴史や科学を知ることが楽しくなるものです。何でも楽しいことはいいことです。

学校での勉強も、楽しさに結びつけられるならいいのですが。

学校の先生の最も大切な仕事は、「教科書」に書かれていることを生徒に伝達することではなく、それぞれの教科の楽しさ、面白さを生徒に伝えることだと思います。

二進法とデジタル化

第2章で述べましたように、私たちは普段、数を数えて行く時、一〇で桁上げをする十進法を使っています。この十進法は、古代より諸民族で用いられていますが、起源は明らかに、私たちの手と足の指の数がそれぞれ一〇本であることに深く関わっています。

普段、私たちはあまり意識しませんが、十進法のほかに、私たちに身近なのは、六〇秒は一分、六〇分は一時間という六十進法や、一二個が一ダース、一二か月が一年という十二進法があります。また、英語の数詞である“one (1)”から“twelve (12)”までは個別の表現(単語)があるのに“13”からは個別の単語がなく“thirteen”“fourteen”……というのも十二進法と関係があります。

このような六十進法や十二進法の数を十進法の数に対応させるのはなかなか厄介な操作と慣れが必要ですし、それらの〝変換〟自体は決して楽しいことではありませんが、六十進法や十二進法の歴史的、文化的背景を調べてみるのはとても興味深いことです。当然のことながら、いずれも、なるほどと思われる理由があるのです。たとえば、十二進法は太陽や月の運行、つまり暦と密接な関係があります。まことに興味深いことに、最近の研究によれば、日本の縄文時代の建造物の設計には十二進法が使われていたようです。

日常生活で私たちが意識することはまったくありませんが、これなくして、現代の私たちの生活は成り立たない、というのが二進法です。

二進法で使われる数字は0と1の二つだけです。したがって、二進法では2より大きい数字になると桁上げされ、たとえば十進法の2は10、3は11、4は100、10は1010という具合になります。私たちは二進法に慣れていませんので、十進法の数と二進法の数との対応が直感的にはわかりません。しかし、二進法では表記が少々長たら

(b)

ユニット（○：ON ●：OFF）							表示数字
a	b	c	d	e	f	g	
●	●	●	●	○	○	●	1
●	○	○	○	○	●	○	2
●	●	○	○	○	○	○	3
○	●	●	●	○	○	○	4
○	●	○	○	●	○	○	5
○	○	○	○	●	○	○	6
○	●	○	●	○	○	●	7
○	○	○	○	○	○	○	8
○	●	○	○	○	○	○	9
○	○	○	○	○	○	●	0

(a)

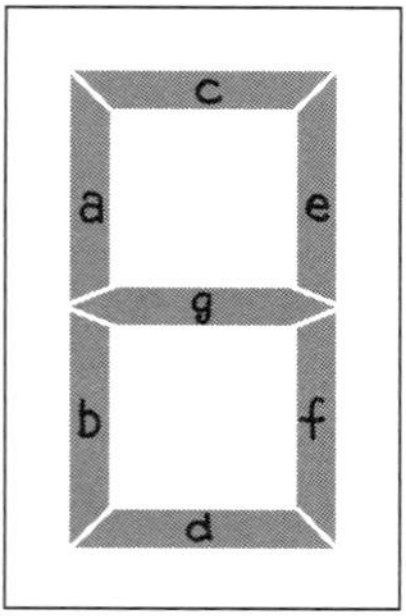

図 11　(a) 電卓のディスプレイのユニット
(b) 電卓のディスプレイ

しくなるだけで、なにしろ数字は0と1の二つだけですから表記法自体極めて単純です。

いま、私は「二進法なくして現代の私たちの生活は成り立たない」と書いたのですが、それは、現代生活に不可欠になっているコンピューターをはじめとするあらゆるIT、エレクトロニクス機器の動作が、この二進法に基づいているからなのです。

たとえば、手元に電卓（電子式卓上計算機）があれば、その表示（ディスプレイ）を見てください。中央にある両端が尖った長細い一個の横棒とその上下のそれぞれ三個の長細い台形の七個のユニット（図11(a)）の“ON”と“OFF”の組み合わせで0から9までのすべての数字を表示できるようになっています（図11(b)）。この“ON”と“OFF”に対応させるのが二進法の0と1（逆でも構いません）なのです。

いま記しました数字の表示は極めて単純なのですが、どれだけ複雑で膨大な量の〝情報〟でも、原理的に、この“ON”と“OFF”の組み合わせ、つまり二進法の0と1の組み合わせで表現できるのです。そして、いかなる数字も“ON”と“OFF”の組み合わせ、つまり二進法で表現され、計算もされるわけです。

二進法はコンピューターにとって非常に都合がよいと同時に、十進法にはない大きな利点を有します。

十進法に使われる0から9までの数字では、たとえば、印刷が不鮮明で3なのか8なのか、5なのか6なのか、判別しにくい場合があります。ファックスで送られて来る小さな文字の判別しにくさは私が日常的に経験することです。ところが、二進法では、0か1か、“ON”か“OFF”か、白か黒か、というように、両極端の性質を持つ二つのもので〝情報〟が組み立てられますので、誤認の恐れがないのです。

だからといって、これは白か黒かの両端の性質しか表わせないのか、というとそういうわけではありません。白か黒か、つまり“ON”か“OFF”かの無数の組み合わせで、いくらでも〝中間色〟を出すことができるのです。

たとえば、雑誌や新聞に掲載されるモノクロ写真を見てください。

私が敬愛する夏目漱石の肖像写真を写真4（a）に示します。（b）は漱石の左目のあたりを拡大したものです。モノクロ写真は灰色のインクを使うことなく、白と黒ばか

（a）

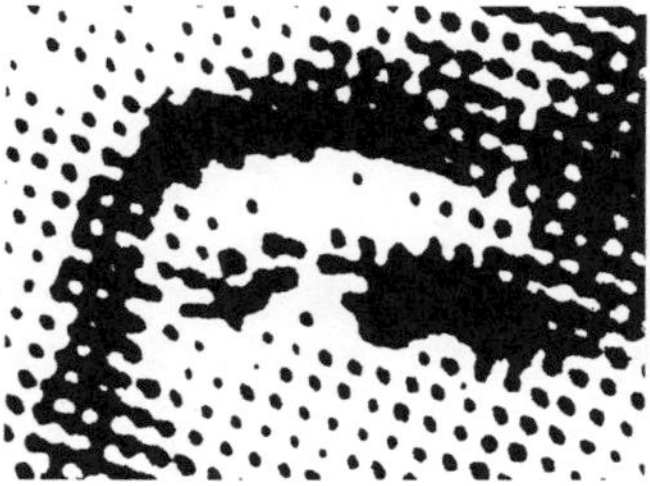

（b）

写真４　夏目漱石の肖像写真

りでなく、黒点の密度を変えることによって、白から黒までのすべての中間色（灰色）で形成されていることがわかります。

まったく同じことがカラー印刷やカラー映像についてもいえます。

たとえば、カラーテレビの画面には無数の色が映るのですが、これらの〝無数の色〟は。赤、緑、青の〝光の三原色〟と黒（光がない状態）のみからつくられるのです。三原色を光らせれば白になりますし、三原色の強さを適当に変えて組み合わせればすべての色をつくることができます。テレビの画面を虫めがねで見てください。細い黒い線で囲まれた三原色の〝画素〟と呼ばれる小さな長方形（メーカーによっては円形）

が規則正しく無数に並んでいるのが見えるはずです。カラーテレビの無数の色の映像は、これら三色の小さな画素の集合によってつくられているわけです。したがって、画素の大きさが小さければ小さいほど、高画質の映像になります。デジタルカメラの原理もまったく同じです。

写真や映像を黒点や画素の集合体として得ることが〝デジタル化〟といわれるものです。

デジタルは、語源の〝デジット（0から9までの数字）〟から出た言葉で、一つ一つ数えられる概念、数字化の概念です。デジタルに対する〝アナログ〟は〝類似〟とか〝相似〟とかいう意味で、変化を連続的にとらえる概念です。

デジタル時計とアナログ時計のことを考えるとわかりやすいでしょう。時刻が数字で表示されるのがデジタル時計で、連続に動く針が文字盤の時間を指すのがアナログ時計です。

ＩＴは文字や映像に限らず、色でも、音でも、何でも、あらゆる情報をON／OFF

あるいは0／1でデジタル化して処理するのです。換言すれば、どのような情報もデジタル化しないとIT化できないのです。

このデジタル化の根底にあるのが、0と1から成る二進法というわけです。

生物に学ぶ

私は小さい頃から生きものが好きでしたが、学校で習う「生物」は記憶させられることが多く、あまり好きではありませんでした。

ところが、私たちの身近にいる生きものたちの偉大さ、具体的には〝超技術〟に感服させられるにつけ、私は生きものを心から尊敬するようになり、その延長で、〝生物機能〟に大いなる興味を持つようになりました。私が生きものを尊敬し、生きものたちが持つ〝超技術〟にひたすら驚いたことと、私が長年、半導体エレクトロニクスという現代文明の根幹ともいうべき人類の最先端科学・技術に従事したこととは無関係ではありません。

わずか二平方センチメートルほどの面積のマイクロチップの中に、昔の真空管でいえば一〇億本分くらいの機能を押し込めるまでにいたった科学と技術は、まさに驚異的です。そのようなマイクロ・エレクトロニクス分野の研究に従事しました私自身、人間はすごいことができるもんだなあ、と心から感心します。

話がちょっと飛びますが、世界最古の木造建築である法隆寺の五重塔は一三〇〇年以上を経たいまも、凜《りん》とした姿で立ち続けていますが、これは、古代日本の技術者（匠《たくみ》）たちの高度の智慧と技術の賜物であり、その〝中味〟を知れば知るほど、私はそれらに感心します。さらに私は、その法隆寺に使われた部材が樹齢二〇〇〇年の檜《ひのき》であることを知りますと、どうして木は、二〇〇〇年間も立っていられるのだろう、と不思議に思わざるを得ないのです。屋久島には樹齢七〇〇〇年といわれる縄文杉もあります。よく考えてみますと木は地上で最大最長寿の生きものなのです。しかも、高層ビルや鉄塔と比べて、かなり細身の体型で、樹冠（枝葉）という重たいものを支えているアンバランスな構造物でありながら、一本立ちしているのです。

その道の専門家にはあたりまえのことでも、私のようなまったく違う世界の人間にとって、特に〝ハイテク〟といわれる分野で仕事をして来た人間にとって、生きものたちが生まれながらに持っている〝超技術〟〝超能力〟を知れば知るほどさまざまな発見があり、それらは、とても人間が及ぶものではない、と生きものたちに対する畏敬《いけい》の念を強くせざるを得ないのです。

こうして、私は木への興味から始まり、竹、カイコやクモといった生きものたちが持つ智慧と技術の驚異に引かれて研究をすることになりました。

そしていま、私は、自然界の仕組みや生きものたちのものづくり技術の奥深さ、それを巧みに利用して来た先人たちに学ぶことの大切さを痛感しているのですが、以下、〝ハイテク〟に従事して来ました私が特に感心し、人間が大いに学ぶ必要があると思われますクモとカイコのハイテクについて簡単に紹介しておきたいと思います。

クモが網を張るのを観察していますと、とても面白い発見があります。同じ種類のクモでも一匹一匹個性があり、きれいにきちんと網を張る職人気質のようなものを感じさせるクモもいれば、エサさえ捕れればいい、ということであまり形にこだわらないクモもいます。〝こだわり派〟のクモの場合、つくっている途中で気に入らないとなると、それまでにつくった網を全部食べてしまい、また糸を吐き直して新しい網をつくります。また、エサの捕獲効率が悪くなった網を〝新調〟する場合も、古い網を全部食べてしまいます。このことから、クモの網が〝完全リサイクル〟によってつくられていることを知りました。

六種類の糸を使い分けるクモもいます。

自分がぶら下がる牽引糸、部分部分を結びつける付着糸、エサを捕獲する粘着糸、かかったエサをぐるぐる巻きにする包糸、網の補強糸、風や気流に乗って旅するための飛行糸です。さらに、三本の糸を直線状に束ねたり、複数の糸を撚《よ》って束ねたり、コイルのように螺旋《らせん》状にしたり、網の必要な部分に応じて強度や弾力性を高めるための種々の工夫が為されています。

クモの網をつくる上での技術は感心させられるものばかりなのですが、じつは、クモの糸自体ハイテクの極みで〝夢の繊維〟と呼ぶべきものなのです。

これまで世界の繊維メーカーが、クモの糸のような人工繊維をつくろうとして来ましたが、同じように強くて弾力があって切れない繊維をなかなかつくれないのです。しかも、クモはそのような〝夢の繊維〟を常温常圧、身の回りにある酸素、窒素、水素、炭素という元素のみでつくるのですから本当に驚異的です。

常温常圧でつくる、ということは高温と高圧という特別な環境をつくるための設備も過大なエネルギーも不要ということです。かつて、世界ではじめて化学合成繊維ナイロンが開発された時、その宣伝文句は「石炭と水と空気からつくられ、鋼鉄よりも強く、クモの糸よりも細い」というものでした。しかし、その製造プロセスやリサイクルといった環境負荷性から見ると、クモの生産技術にはまったく及びません。

同様に、カイコがつくるシルクとその生産プロセスも自然の驚異です。

古くから絹織物に利用されて来たカイコの繭糸《けんし》の主成分はセリシンとフィブロインという二種類のタンパク質で、それは中心のフィブロインを四層のセリシンが囲む五層構造になっています。このような五層構造を、体長およそ八センチメートルの大きさの身体の中で、クモと同じように常温常圧、身の回りにある酸素、窒素、水素、炭素という元素のみでつくるのです。四層のセリシンは、それぞれ熱による溶解性が異なり、フィブロインの保護、潤滑剤、シルクづくりの際の繊維固定、繭《まゆ》の構造材という役割を担っています。これによって、一個の繭は一〇〇分の一ミリメートルの細い糸でありながら、切れることなく一五〇〇メートルに及ぶ繭糸でつくられます。

あまり実感がないかも知れませんが、シルクの細さを考えますと、この長さは驚異的です。たとえばスケールを一〇〇倍にしてみますと、太さが一ミリメートルで長さが一五〇キロメートルになります。これは、東海道新幹線で東京駅からほぼ新富士駅までの距離に相当します。

カイコはまさに〝超ハイテク・シルク工場〟なのです。

話がちょっと飛びますが、光通信などに使われる光ファイバーの断面は屈折率が異なる二種類の高純度の石英ガラスとそれを被覆《ひふく》するプラスチックが同心円状に重なった三層構造になっています。このような形状の〇・二ミリメートルほどの太さの長いガラス繊維をつくるために、まことに巧妙な製造装置が開発されています。私は、光ファイバー製造装置を知りますと、人間は頭がいいなあ、よくもこれだけ絶妙な装置を考え出せるものだ、と心から感心します。

ところが、じつは、この〝まことに巧妙な製造装置〟の原理が、カイコの〝超ハイテク・シルク工場〟の原理とまったく同じなのです。

しかし、カイコがつくるシルクは太さが一桁以上細く、しかも、光ファイバーが三層構造であるのに対し、カイコのシルクは五層構造です。

また、石英を熔融するには一七〇〇℃以上の高温にしなければなりませんが、カイコはシルクを常温常圧で、身の回りにある酸素、窒素、水素、炭素という元素のみでつくるのです。

現在、世界は〝消費型社会〟から〝循環（リサイクル）型社会〟への移行に向けてさまざまな努力が始められています。しかし、私たちが必要とする物資のすべてを〝リサイクル〃だけでまかなえるはずはなく、資源をどう確保するかと同時に、いかにエネルギーを浪費しないものづくりや社会システムを構築するか、ということが重要課題になっています。製品自体が、いくら「環境にやさしい」といわれるものであっても、環境負荷の大きい設備で、おおきなエネルギーを消費して製造するのではまったく意味がありません。

私は、生物の智慧と〃超技術〃の根幹にあるのは「自然に従順である」、「自然に生きる」、「自然を活かす」、「自然に活かされる」ということに集約されると思います。私たち人間が文明の「進歩」の過程でやって来たことは、すべて、この逆に思えます。「自然との共生」を口にするのであれば、まず、この四つの思想に基づいた〃生物の智慧〃を尊重し、学ぶところから始めて行く必要があると思うのです。ガリレイがいうように「自然は、われわれの知性にとっては限りなく驚嘆すべきことを、最高度の容易さと単純さとで行なっている」のです。

擬態

ついでに、以下、余談として、私が長年、驚異中の驚異と思っています〝擬態〟について触れたいと思います

私は、いままで、学生、院生時代も含めれば四〇年近く、さまざまなテーマの研究（道楽）に従事して来ました。最近十年余の「道楽研究」はいずれも、私が長年〝ハイテク〟に従事したが故のものでした。私が驚愕する生きものたちが持つ〝超技術〟、〝超能力〟の中で、いつかは真剣に取り組みたい、と思いながら、この十年間、その取っかかりさえ見出せないのが〝擬態〟なのです。

〝擬態〟というのは「動物が身を守ったりエサを獲得したりするために、色や形を周囲の他の物に似せること」です。「生物学辞典」によりますと、〝擬態〟は「隠蔽《いんぺい》的擬態（環境に似せ目立たなくする）」と「標識的擬態（目立つようにする）」の二種類に大きく分けられます。後者は、たとえば、チョウが「自分の味はまずいよ、だから食べない方が

いいよ」という具合に味がまずい種類のチョウの形や色になったり、アブが「オレは危ないハチだぞ、近寄ると毒針で刺すぞ」とハチに似た目立つ色彩になったりして捕食者を欺くような擬態です。これもなかなかあっぱれな擬態なのですが、私が科学的・技術的に大きな興味を持つのは前者の「隠蔽的擬態」です。

昆虫ではカレハバッタ、コノハムシ、ナナフシなどが「隠蔽的擬態」で有名です。私は、これらの本物を博物館で見たことがありますが、その場にいることを知らされていても、枯葉に混ざったカレハバッタや木の葉に張りついたコノハムシ、枯れ枝にとまったナナフシを見つけ出すのは困難です。このような「標本室」ではなく、本当の自然の中で、これらの虫に気がつくのは、少なくとも私の目では不可能でしょう。また、「隠蔽的擬態」を示す魚類も少なくありません。海底の砂に溶け込んでしまうヒラメやカレイ、海草にそっくりなタツノオトシゴの一種のリーフィー・シードラゴンなどです。これらはいずれも、人間の兵隊が着用する「迷彩服」などの〝迷彩度〟とはとても比較にならないほど高度の「迷彩効果」を示しています。

私が「擬態」の最たるものと感心するのはハナカマキリです。これは、その名の通り、花にそっくりなカマキリで、本物の花と間違えて近づいてしまうチョウなどを捕食します。

彼らの「超能力」を考えれば、人間の目を欺くぐらいは簡単なことだと思いますが、自然界に生きるチョウの視覚や嗅覚までも欺いてしまうのですから、ハナカマキリはすごいのです。つまり、プロの詐欺師を騙す詐欺師のようなものです。ハナカマキリは擬態の名人中の名人です。

いま、動物の擬態の一端を述べたのですが、じつは、植物の世界にも「擬態植物」というのがいます。たとえば、動物に食べられないように、石ころと見分けがつかないように擬態するアフリカの砂礫地帯にいるリトプスなどです。

このような、生きものたちのさまざまな「擬態」を知るにつけ、私は、ひたすら驚くのですが、同時に、長年の習癖《しゅうへき》から、彼らに、どうして、そのようなことができるのだろう、そのメカニズムはどのようになっているのだろう、それを何かの装置に応用できないだろうか、などと野暮なことを考えてしまいます。

しかし、すぐさま、大きな壁に突き当たり、彼らに降参するのがオチです。

まず、彼らは、周囲の状況に似せた自分自身の身体を、自分自身では見えないはずです。たとえば、海底の砂に溶け込んでしまうヒラメやカレイの「目の位置と向き」を考えれば、彼らに「海底の砂に溶け込んでいる、あるいは溶け込もうとする自分自身の姿」を見ることはできないでしょう。私たちの常識から考えれば、自分の姿を何かに似せようとする時、まず、その「何か」を凝視観察し、「似せるための行為」をした後、その「何か」と自分がどれだけ似たか、をチェックしなければならないはずです。そして、徐々に改良を加えて、その「何か」に近づけて行きます。このような「常識的工程」を考えますと、どうしてヒラメやカレイが海底の砂に溶け込んでしまえる擬態ができるのか、私にはさっぱりわからないのです。彼らは、私たち人間にはまったく見当もつかないような方法で、互いに「監督」「指示」し合うのでしょうか。いずれにせよ、いま、私たちが見る生きものたちの擬態は、「生物進化」「自然淘汰」の結果でしょうが、決して偶然とは思えない「擬態能力」を彼らがどのようにして身につけたのか、私にはさっぱりわかりません。よしんば、そのような能力、技術を身につけたとしても、どのような方法で、自分の身体の色や形を周囲の状況に合わせて変えられるのか、私にはさっぱりわからないのです。

私は、結局いつも、先ほどのガリレイの言葉を思い出し、彼らに畏敬の念を抱き、ひれ伏すことになるのです。

ところで、いま、ふと思いついたことですが、じつは、最も「擬態能力」に長けているのは、私たち人間なのではないのでしょうか。よく考えてみますと、人間の行動も、人間がつくり出すものも「擬態」に満ちているのではないでしょうか。人間は、言葉、服装、装身具、化粧、肩書き、〝ハイテク〟などなどあらゆる手練手管《てれんてくだ》を使って「擬態」し、他人はもとより自分をも、また自然に対しても欺き続けている生きもののような気がしてなりません。私たち人間こそ、擬態の本当の名人なのではないでしょうか。

本当は面白く楽しい微分と積分

小学校の「算数」が「数学」に変わる中学校から大学までの授業で、「数学」はかなり重きを置かれ、それに費やす時間が長いにもかかわらず、「数学」をわかりにくい、難しい、面白くないと思う生徒、学生が少なくありません。また、「数学」に苦い思い出を持つ社会人も少なくありません。じつは、算数よりも数学の方がずっとやさしいのですが。

ともあれ、私自身の経験からいっても、学校で習う数学は具体性に欠け、面白い、とはとてもいえない代物《しろもの》でした。しかし、数十年間にわたって自然科学を学び、その中で数学の世話になっている私は、「数学が面白くないはずはない」と心から思うのです。入学試験に代表される試験が悪いと思うのですが、「学校の数学」が面白くないのは、数学が一種の「暗記科目」にされてしまっているからです。

この本の冒頭から、私は「筋道立てて考える」ことの大切さを繰り返し述べているのですが、数学は「筋道立てて考える」ことを教えてくれる、また、その訓練をしてくれる最たるものなのです。そして、私はつくづく思うのですが、数学の面白さと楽しさ、さらに、数学は役に立つもの、ということを知らずに人生を終えるのは、ほんとうにもったいないことなのです。

高校、大学で習う数学の〝スター〟はなんといっても、微分と積分でしょう。

微分と積分の考え方は、大学で学ぶほとんどすべての分野で使われています。理工系分野ではいうまでもなく、たとえば、経済学で市場動向を理解する場合や社会学で人口や社会構成についての統計処理をするような場合に必要です。

しかし、数学が嫌いになったり、不得意になったりする大きなきっかけは、どうも、この微分・積分にあるような気がします。大袈裟にいいますと、微分・積分がわかるかどうかで、自分の進路が「理系」あるいは「文系」に振り分けられてしまうのです。考えてみれば、恐ろしいことではありませんか。

じつは、微分・積分は一歩一歩筋道立てて考えて行けば、決して難しくも、わかりにくもなく、とても面白いものなのです。学校では、この〃一歩一歩〃を飛ばして公式を憶え、無味乾燥な問題を解くことに終始しがちですので、面白さなど、とても味わえないのです。私は、微分・積分の面白さを味わえないのは本当に残念で、もったいないことだ、と心から思います。

数学史上、偉大な発明はたくさんありますが、微分・積分はそれらの中で傑出したものので、私はそれらに感動すら覚えます。そして、微分・積分は自然現象のみならず、社会現象、さらには〃個人的現象〃を定量的に理解するための、極めて有力な道具でもあります。

このようなわけで微分・積分の重要性から、高校、大学の数学では多くの時間をさいて学ぶのです。しかし、そのわりには、微分は「微《かす》かに分《わ》かる」、積分は「分《わ》かった積《つ》もり」とからかわれますように、「文系」ではもとより「理系」であっても、苦手意識を持つ生徒、学生は少なくないのです。私自身、高校ではじめて微分・積分を習った時のことを思い出してみますと、それらの〃意味〃などよくわからずに、ただ単に公式を

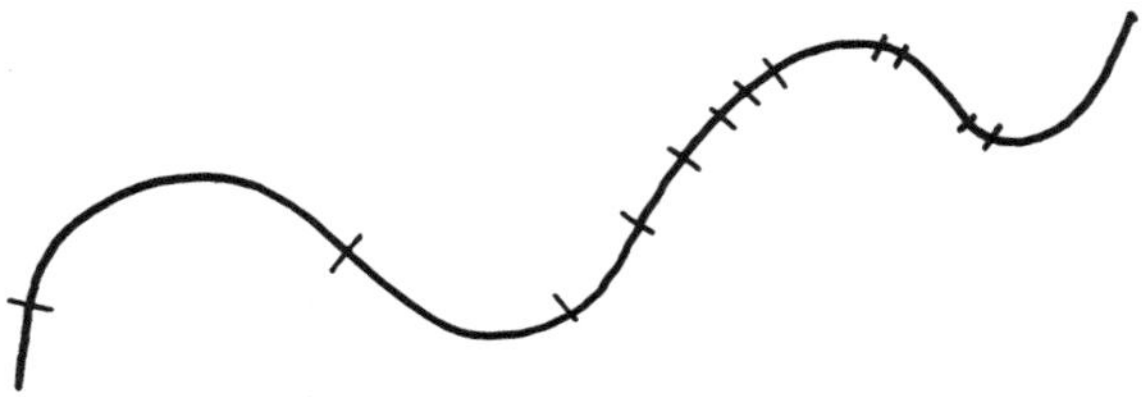

図12　曲線の分割

使って具体性に欠ける計算を繰り返していただけで、残念ながら、とても「面白い」と思えるものではありませんでした。微分・積分に限らず、数学全般にいえることですが、数学の面白さは、また数学を学ぶ上で大切なことは〝意味〟を論理的に考えることです。

以下、微分と積分のエッセンスを記しておきます。本書の役目としましては、それで十二分だと思います。

まず、微分のエッセンスです。

どんなに複雑な形をしている曲線でも、その曲線の部分を成す小さな分割線は直線に近いのです。分割線を短くすればするほど、ますます直線と区別がつかなくなり、究極的には〝点〟になってしまいます（図12）。つまり、結局のところ、直線も曲線も〝点〟の集合体と考えることができるのです。

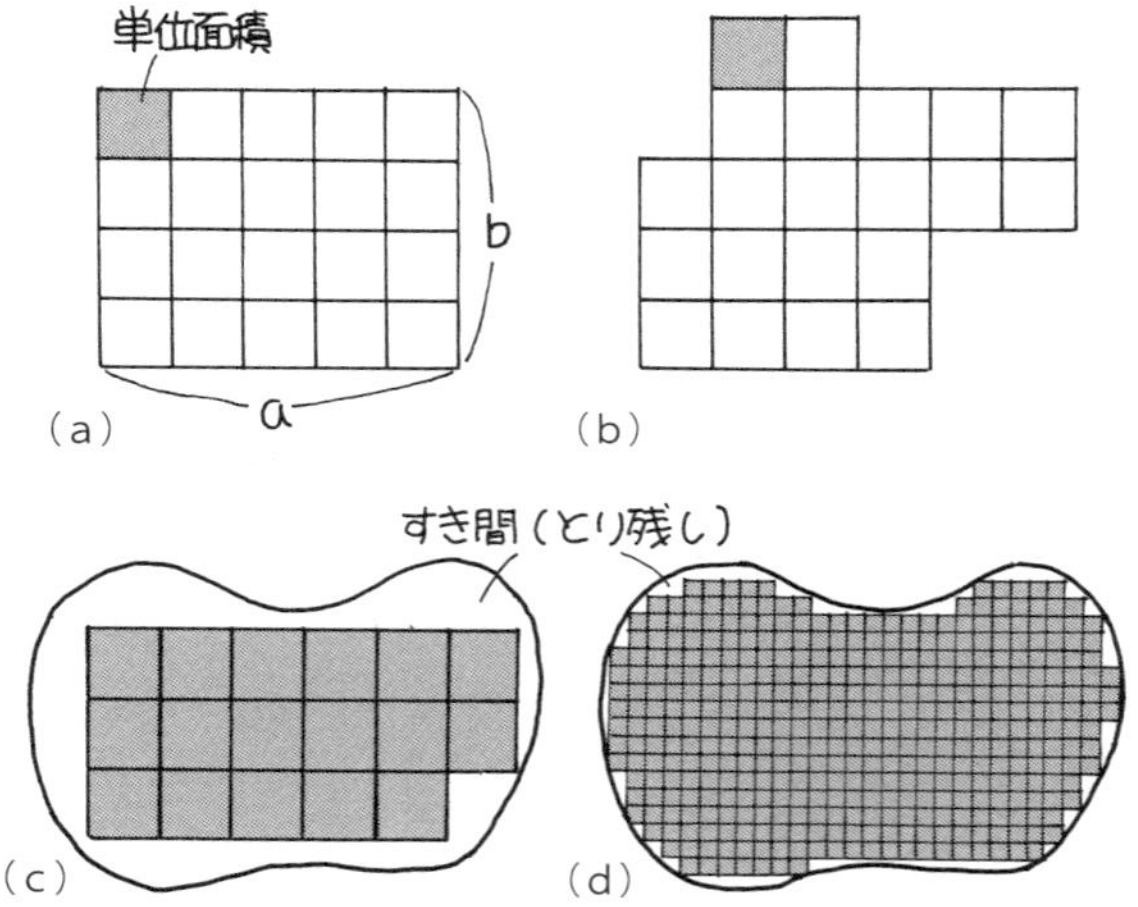

図13　取りつくし法

このような〝分割の思想〟を厳密にしたものが〝微分〟の考え方の基盤にほかならないのです。微分は「微《かす》かに分《わ》かる」ではなく「微小に分ける」という意味です。どれだけ大きな、また複雑なものでも、分割して考えてみますと、意外に単純で、簡単なものなのです。

どうですか。微分に興味を持てそうな気がして来ませんか。

次は積分です。

平面の面積を求める方法、計算について考えてみましょう。

たとえば、図13（a）、（b）のように、矩形（長方形、正方形）あるいは矩形の組み合わせのような形の場合は単純に単位面積を総計するだけで全体の面積が簡単に求められます。

ところが、(c) のような、矩形でない形の場合は少々厄介です。このような場合、そして、どれだけ複雑な形でも、その面積を求める場合、(d) のように小さな正方形を埋め込んで行き、すべての正方形の面積を合計すれば、実際の面積にかなり近づくことができます。埋め込む正方形の大きさを小さくすればするほど、実際の面積に近づくことはおわかりでしょう。究極的には、埋め込む正方形を〝点〟にしてしまえば、実際の面積と一致します。いまは〝面積〟について説明したのですが、〝体積〟についてもまったく同じように考えることができます。

これが〝積分〟の根本的な考え方なのです。

積分は「分かった積《わ》もり」ではなく「微小に分けたものを積み重ねる」（簡単にいえば「分けたものを積む」）ということなのです。微分は「微小に分ける」でしたから、なんとなく、微分と積分は逆の操作のような気がしませんか。じつは、そのとおりなの

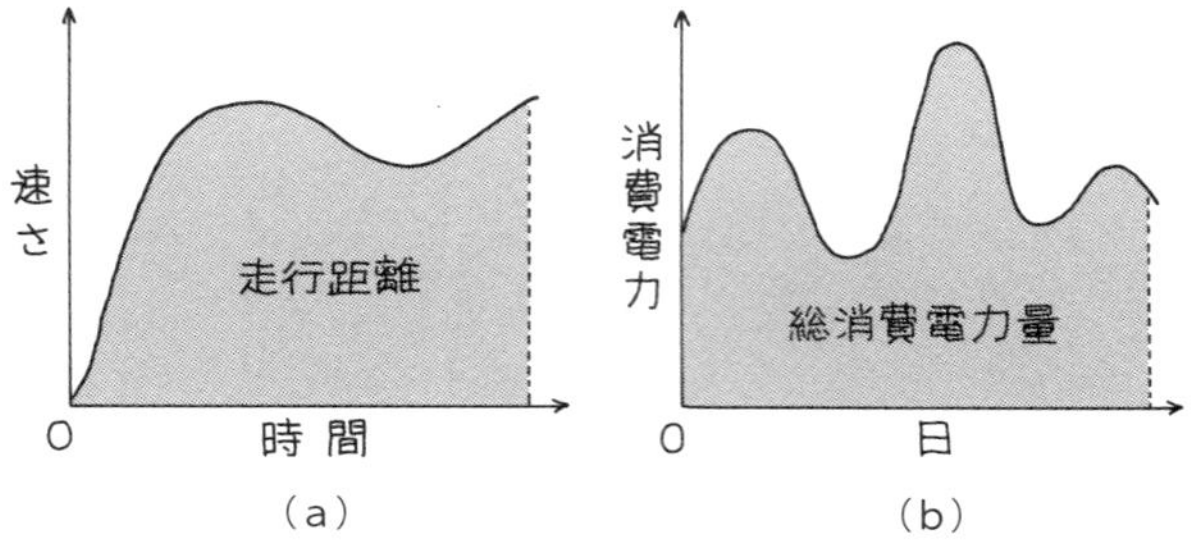

図14 「面積」の意味

です。微分と積分は〝表裏一体〟です。

積分の面白さ、楽しさ、さらには〝有用性〟は、この〝面積〟が〝広さ〟だけではなく、さまざまなモノに置き換えられることです。

たとえば、「速さ」×「走行時間」が「走行距離」になるわけですから、図14(a)のように「速さと走行時間」の関係を表わす関数を積分して得られる「面積」は「走行距離」を表わすことになります。また、図14(b)のように「消費電力」と「日」(時間)との関係を表わす関数を積分して得られる「面積」は「総消費電力量」を表わすことになります。

さらに、たとえば、ある人と出合った時からの〝好き度〟の時間的変化を考えてみますと、図15のA、B、C

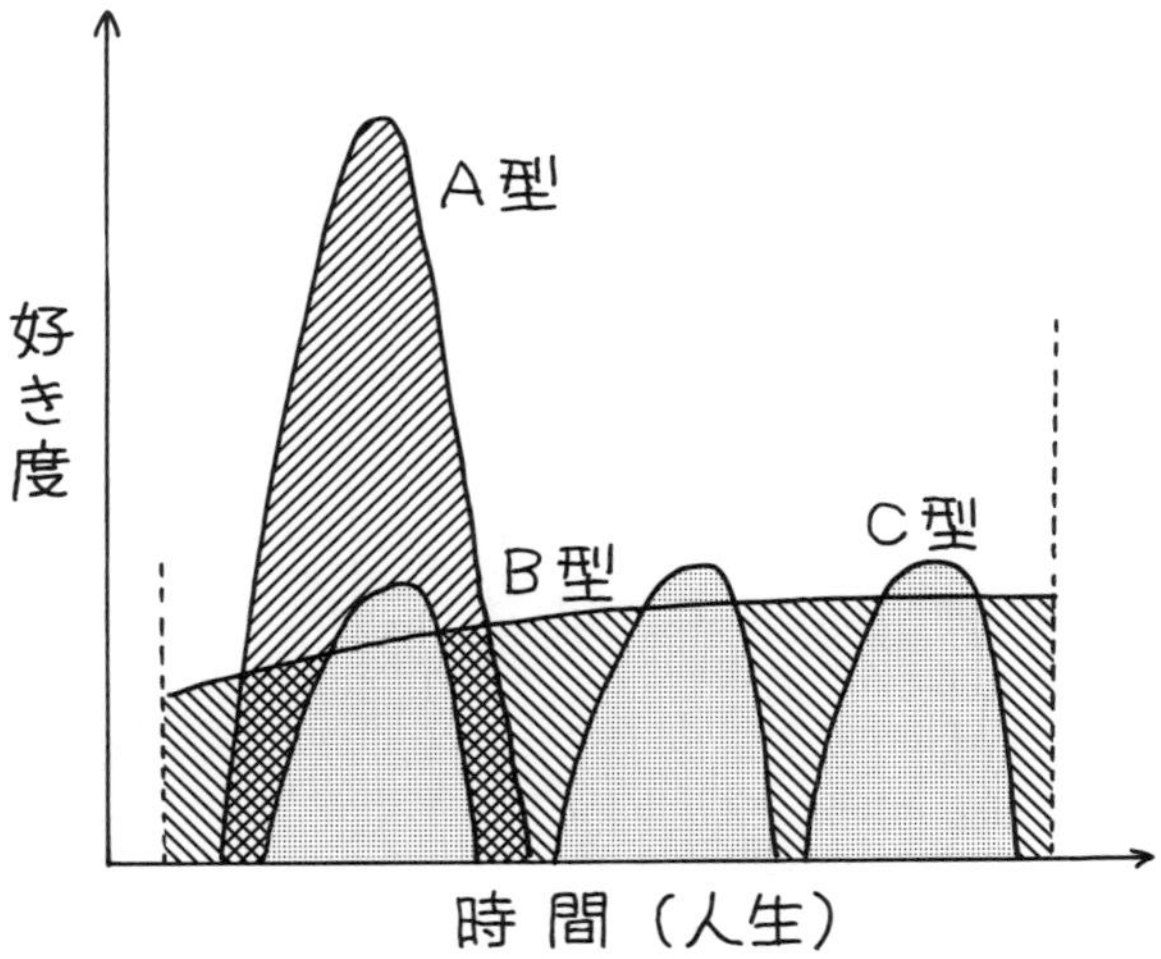

図15　〝好き度〟の時間的変化

のようなグラフが考えられます。〝恋愛〟の三パターンと呼んでもよいでしょう。A型は急激に熱情的に好きになって、急激に冷めてしまうような場合です。それに対してB型は急激に熱情的になることはないのですが、長い期間、安定した〝好き度〟を保つような場合です。また、C型は「惚れやすく冷めやすい」タイプで、複数の人を好きになっては別れるというのを繰り返すような場合です。ある期間を積分して得られる面積は「〝好きさ〟の総量」を表わすことになるでしょう。

このような「〝好きさ〟の総量」を生涯にわたって定量的に比較することによって、A、B、Cのいずれが、最も〝幸せ〟なのか（もちろん、〝恋愛〟に限っての話です）を数学的に考えることが可能かも知れません。

どうでしょうか。

微分と積分、ひいては数学に、少しは興味を覚えていただけたでしょうか。

私は、もう一度強調しておきたいと思います。

数学は「筋道立てて考える」ことを教えてくれる、また、その訓練をしてくれる最たるものなのです。人生、数学の面白さと楽しさ、さらに、数学は役に立つもの、ということを知らずに終えるのは、ほんとうにもったいないことなのです。そして、そのような数学は、筋道立てて考えて行けば、決して難しいものでも、わかりにくいものでもなく、面白く、楽しいものなのです。

あとがき

私は、本書のサブタイトルを「人生を豊かにするヒント」としました。

本書を通して、若い読者のみなさんにお伝えしたい私のメッセージは、つまるところ「豊かな人生を目指し、実現していただきたい」ということだったからです。

ところで、〝豊かさ〟とは何なのでしょうか。

日本を代表する国語辞典『広辞苑』（岩波書店）によれば、〝豊かさ〟は「①物が豊富で、心の満ち足りているさま。②財産がたくさんあるさま。経済的に不足のないさま。富裕。③物が内部に充ち、ふくらみの出ているさま。」（傍点筆者）と説明されています。

常識的にいえば、もちろん、物質的、経済的に恵まれること自体は好ましいことです。それらに恵まれるためには、それ相当の能力も努力も、そして運も必要です。

昔から「貧《ひん》すれば鈍《どん》す」（貧乏になると、いろいろな物事に対して鈍《にぶ》くなる、また品性がさもしくなる）といわれていますように、物質的、経済的に貧しくなりますと、物質的には当然ですが、精神的にも清らかではいられなくなるものでしょう。

したがって、〝聖人〟は別にして、一般的には「鈍」さないために、最低限の〝物質的豊かさ〟も〝経済的豊かさ〟も必要です。私は、〝物質的豊かさ〟、〝経済的豊かさ〟と〝精神的豊かさ〟とは切っても切れない関係にあると思っています。

しかし、『広辞苑』の〝豊かさ〟の定義を読んで、私は愕然《がくぜん》としたのです。私が思っていた〝豊かさ〟を日本を代表する国語辞典は少しも説明してくれていないのです。そこに述べられている〝豊かさ〟は、まさに、一元化した「物質的豊かさ」「経済的豊かさ」だけなのです。

私はすがるような気持ちで、ほかの国語辞典（『新明解国語辞典』三省堂）にあたってみて、安心しました。

そこには「①必要なものが十分満たされた上に、まだゆとりが見られる様子。②いかにもおおらかで、せせこましさを感じさせない様子。③その要素が、隠すべくも無くあたりに漂っている様子。」（傍点筆者）と、私が思っていた〝豊かさ〟がそのまま説明されているのです。この中の「必要なもの」というのが重要です。何が「必要なもの」であるかは、人それぞれです。もちろん、それが「物」であっても「お金」であっても構いません。しかし、もちろん必要最低限の経済的基盤がないことには話にならないのですが、人間にとって、そして〝豊かな人生〟にとって、「必要なもの」は「物」や「お金」だけではないでしょう。私にとって「必要なもの」は必要最低限の経済的基盤、健康な肉体、よき友人、趣味・道楽、閑《ひま》、などです。

誰でも、学校の理科でやった音叉《おんさ》を使った〝共鳴〟の実験のことを憶えているのではないでしょうか。

この〝共鳴〟というのは、似たような性質を持つ二個の音叉を並べ、片方を叩いて振動させる（音を出す）と、その振動が空気を伝わって一方の音叉を振動させる、という波（音）の現象です。この現象は二個の音叉がまったく同じ性質を持っている時に、最も顕著に起こります。

私たちは〝音〟に限らず、さまざまな〝波〟に囲まれて生活しています。その〝波〟には文字通りの電波や光、宇宙線などの物理的な波のほかに、〝時代の波〟のような社会的な波や、自然や芸術や人物が発するオーラのような〝波〟もあります。

私たちは、物理的な波は五感でとらえることができるのですが、オーラのような〝波〟は感性あるいは〝心の眼〟でなければとらえられません。私たち自身が〝共鳴〟することによってとらえるほかはないのです。

せっかく、私たちの周囲をさまざまなオーラが飛び交っていても、私たちがそれらに〝共鳴〟できなければ、オーラは素通りして行ってしまいます。

オーラは見えませんが、私はさまざまなものが発するオーラに身体を震わせたいと思います。オーラに身体を震わせることが、すなわち感激、感動です。そして、そのような感激、感動こそが、人生最高の喜びであり、そのような感激、感動を求めて、私たちは生きて行くのではないでしょうか。さらに、そのような感激、感動に満ちた人生こそが、真に豊かな人生なのだと思います。私は、いままでの私自身の人生経験から、心底、そのように思います。

ところが、〝おとな〟になればなるほど、〝感激、感動する〟ことが容易ではなくなるのです。子どもの頃は、見るもの、聞くもの、触るもの、何にでも感激、感動できるのですが、〝おとな〟になって行くにしたがい「常識」や「世間体」というものが邪魔をして、感動、感激を阻《はば》むのです。世界的な映画監督だった黒澤明さんが「感激とか感動は、与えてもらうものではなく、作り出すものだ。それには気が遠くなるほどの、努力の積み重ねが必要である。その長い道のりをどう楽しく過ごせるか、それこそが才能であって、ちょっと駄目だと思うと、ふてくされて投げ出す奴は、人生を楽しむ術を知らないのだと思う。」（黒澤和子『回想　黒澤明』中公新書）という言葉を遺してくれています。私は、本当にその通りだと思います。

唐突ですが、私はチャップリンの映画のかなり熱狂的なファンです。数ある作品の中で圧倒的に好きな『ライムライト』の中に、人生をはかなんで自殺未遂した若い踊り子にチャップリンが語る「そう、人生はすばらしい、あなたがそれを恐れない限りはね。人生に必要なものは勇気と想像力と、そして、ほんの少しのお金だ。」というすばらしい台詞があります。

本書が、みなさんの〝想像力〟を高め、〝すばらしい人生〟、〝豊かな人生〟実現のために少しでもお役に立てるならば、私はとても嬉しく思います。

最後になりましたが、本書の企画から出版の実務まで、献身的な御協力をいただいた「ちくまプリマー新書」編集部の吉崎宏人さんに心から御礼申し上げます。

平成二一年晩夏　志村史夫

【参考図書】（順不同）

ゲーテ著（高橋義人訳）『自然と象徴』（冨山房）
池田健太郎ら訳『新潮世界文学23　チェーホフ』（新潮社）
小林秀雄『人生の鍛錬　小林秀雄の言葉』（新潮社）
サン＝テグジュペリ（内藤濯訳）『星の王子さま』（岩波書店）
セネカ（茂手木元蔵訳）『人生の短さについて』（岩波書店）
ミヒャエル・エンデ（丘沢静也訳）『エンデ全集16　芸術と政治をめぐる対話』（岩波書店）
志村史夫『いやでも物理が面白くなる』（講談社）
志村史夫『古代日本の超技術』（講談社）
志村史夫『生物の超技術』（講談社）
志村史夫『だれでも数学が好きになる』（ランダムハウス講談社）
志村史夫『人間と科学・技術』（牧野出版）
志村史夫『「水」をかじる』（筑摩書房）
志村史夫『寅さんに学ぶ日本人の「生き方」』（扶桑社）
志村史夫『環境問題の基本のキホン』（筑摩書房）

chikuma primer shinsho

ちくまプリマー新書120
文系《ぶんけい》？　理系《りけい》？　人生を豊《ゆた》かにするヒント

二〇〇九年十月十日　初版第一刷発行
二〇二三年二月十日　初版第十刷発行

著者　志村史夫（しむら・ふみお）

装幀　クラフト・エヴィング商會
発行者　喜入冬子
発行所　株式会社筑摩書房
東京都台東区蔵前二‐五‐三　〒一一一‐八七五五
電話番号　〇三‐五六八七‐二六〇一（代表）
印刷・製本　中央精版印刷株式会社

ISBN978-4-480-68822-4 C0200 Printed in Japan